El despertar del empático
Cómo DEJAR de absorber estrés, dolor, y energía negativa de otros.
Kara Lawrence

© Copyright 2019 - Todos los derechos reservados.

No es legal reproducir, duplicar o transmitir ninguna parte de este documento ya sea de formas electrónicas o en formato impreso. La grabación de esta publicación está estrictamente prohibida y no se permite el almacenamiento de este documento a menos que se cuente con el permiso por escrito de la editorial, excepto para el uso de citas breves en la reseña de un libro.

Tabla de contenidos

El despertar del empático
　Tabla de contenidos
　Capítulo uno: ¿Eres empático? Entendiendo los 8 rasgos que poseen los empáticos
　Capítulo dos: ¿Qué es un empático? Los 9 tipos de empáticos
　Capítulo tres: ¿Cuáles son las habilidades de los empáticos?
　Capítulo cuatro: ¿Por qué los empáticos se sienten abrumados y exhaustos? Evitando la energía negativa
　Capítulo cinco: Auto-sanación para empáticos
　Capítulo seis: El despertar del empático: Las 3 fases de tu camino de crecimiento empático. Cómo leer y usar la energía
　Capítulo siete: ¿Qué es la sanación de energías? ¿Es peligroso? ¿Eres un empático sanador?
　Capítulo ocho: Protección de la energía para empáticos
　Capítulo nueve: ¿Por qué los empáticos y narcisistas se atraen entre sí?
　Capítulo diez: Algunas dificultades de ser empático
　Palabras finales

Introducción

¿Alguna vez te has sentido abrumado por tus emociones y no entiendes de dónde vienen? ¿Alguna vez has entrado a una habitación llena de gente y experimentado estrés repentino por ninguna razón en específico? ¿Te encuentras emocionalmente exhausto completamente cuando otros comparten sus problemas contigo, aunque no sean tuyos? ¿Atraes niños y animales? ¿A veces experimentas cambios de humor, deseas tiempo a solas, o te disgusta la violencia? ¿Tienes sueños vívidos?

Esto puede tomarte por sorpresa, pero las emociones que experimentas que parecen manifestarse de la nada, quizás provengan de las personas a tu alrededor. ¡Quizás seas un empático!

Que esto no te asuste o te abrume. Hay cosas maravillosas e increíbles que puedes hacer con este conocimiento, incluyendo una conexión con el mundo de una manera más profunda y significativa. Podrás comprenderte a ti mismo y a aquellos a tu alrededor mejor, lo que podría terminar cambiando tu vida.

Los empáticos, son personas altamente sensibles que tienden a tener hipersensibilidad a los sentimientos de otros, y son capaces de tomarlos inconscientemente, "absorbiendo" y experimentando esos sentimientos ellos mismos. Sin el conocimiento y las herramientas adecuadas, los empáticos pueden sentirse fatigados, abrumados e incluso frustrados y confundidos en relación a por qué se sienten de cierta forma.

Con este libro en manos, los empáticos pueden finalmente equiparse a sí mismos con herramientas sencillas para protegerse de la energía negativa a su alrededor y aprender cómo usar sus habilidades naturales para sanar.

Pasé años de mi vida sin entender mis emociones: cambios de humor, estrés, agotamiento, todo sin razón aparente. No fue hasta que empecé a entender los tipos de personalidades empáticas y altamente sensibles que las cosas empezaron a tener sentido.

Desde entonces, he aprendido a perfeccionar mis habilidades y escuchar lo que mi cuerpo me dice. Aún hay días en los que me canso, estreso y abrumo, pero lo manejo mejor y no me permito caer tan profundo en ese hoyo emocional del que es tan difícil salir. Mis cambios de humor pasan menos a menudo, y tengo mejor control sobre mi salud y bienestar emocional.

Armado con las herramientas dadas en las páginas siguientes, tú también puedes experimentar finalmente la liberación del agotamiento, estrés, emocional y a veces físico que no te pertenece. A pesar que podrás seguir teniendo algunos días malos, ya no se sentirán tan abrumadores o retadores. Sabrás como escuchar a tu cuerpo, para que puedas tomar el tiempo para recargarte y organizar bien tus emociones y mente. Incluso aprenderás a discernir entre tus emociones y las que estás tomando de otras personas.

Aprende los secretos que miles de empáticos alrededor del mundo están develando. Técnicas comprobadas están aquí a tu alcance para que las experimentes e implementes por tu propio beneficio y el de aquellos con los que quieras compartir tu don.

También están uniéndose para proporcionar apoyo y orientación. Este es un camino increíblemente personal, pero no es algo que tengas que enfrentar solo. Compartiendo tus pensamientos, sueños y miedos con aquellos que son como tú, tendrás una visión más profunda de quién eres y descubrirás quién quieres ser. Este libro te iniciará en ese viaje y te dará el conocimiento que necesitas para ayudarte en tu auto-descubrimiento.

Por último, descubre por qué has pasado tu vida experimentando cambios de humor extremos, sintiéndote profundamente conmovido y afectado por los problemas y las tragedias de los demás, y por qué necesitas tiempo para "recargarte" a solas casi a diario. Aprende que nada de esto es malo ni te hace una persona terrible. Es parte de tu proceso de sanación, y no debe ser ignorado o evitado. La única forma en la que puedes ayudar a otros a ser saludables y felices, es que tú mismo estés sano y feliz.

Si no tienes la energía para levantarte de la cama y enfrentar tu día, ¿Cómo puedes estar ahí para otros? Las personas te pedirán mucho, y tú puedes pedirte mucho a ti mismo, pero si no tienes la motivación o el deseo de moverte, no puedes ayudar. Debes ayudarte a ti mismo, y este libro te proporcionará algunas ideas de cómo lograrlo de la mejor manera.

Por supuesto, en tu camino, te encontrarás con aquellos que pueden no tener las mejores intenciones para con tu don único. Estarán conscientes que eres especial, pero intentarán usar eso para su beneficio. Tratarán de quebrarte, absorber tu energía, hacerte sentir que tu único trabajo es cubrir sus necesidades. Este libro te ayudará a encontrar maneras de combatir sus ataques.

El quedarte desarmado te expone a la amenaza de un ciclo repetitivo de relaciones tóxicas, incomodidad y dolor innecesarios, y a que tus habilidades naturales no alcancen su verdadero potencial. ¡No pases un día más perjudicándote con emociones negativas que no te pertenecen!

El camino a descubrir quién eres como empático, estará lleno de altos y bajos, alegrías y tristezas. Reirás, llorarás, pero también terminarás teniendo un mejor sentido de quién eres y de lo que eres capaz. Con las herramientas apropiadas en su lugar, puedes encontrar maneras de ayudarte a ti mismo y a otros sin agotar tus fuentes de energía o estresarte demasiado, sentirte ansioso o deprimido. Vale la pena descubrir y perfeccionar tus habilidades. Eres una persona amable y cariñosa, y deberías compartir eso con el resto del mundo.

Ha llegado el momento que tengas tu propio despertar. Entiende que las emociones que otras personas te han dicho que son inválidas y por las que has estado confundido, cobrarán un perfecto sentido, simplemente empoderándote con el conocimiento de las páginas siguientes. ¡Disfruta!

Capítulo uno: ¿Eres empático? Entendiendo los 8 rasgos que poseen los empáticos

Hasta cierto punto, la mayoría de la gente en el mundo muestra signos de empatía (algunos no lo hacen, pero hablaremos de ello más adelante). Esta es la habilidad de ponerte en los zapatos de otro y sentir las emociones que ellos sienten. Puede que no hayas vivido la misma experiencia que ellos, pero con empatía, puedes imaginarte cómo se siente.

Si resultas ser un empático, puede que sientes estas emociones a un nivel mucho más profundo. De hecho, quizás las sientas antes de que la persona con la que hablas exprese que algo no anda bien o que tiene noticias emocionantes que contar. Puede comenzar como algo tan simple como un cosquilleo en el estómago, una sensación de intranquilidad, o el impulso incontrolable de empezar a reírse (y es posible que empieces a reírte). Luego, cuando empiezan a hablarte de su problema o alegría, todo se vuelve claro.

Siendo un empático, estás altamente sintonizado con el estado de ánimo de la gente. Esto puede ser una bendición y una maldición, ya que estas consciente tanto de las emociones positivas como negativas que ocurren a tu alrededor. Este capítulo observa los otros rasgos que muchos empáticos poseen.

Altamente sensibles

Para muchos, pensar en ser altamente sensibles está visto como algo negativo. Piensan que una persona que es altamente sensible no puede soportar críticas o se molesta y llora por las cosas más tontas. Pueden sentir que deben tener un cuidado extremo para no herir los sentimientos de una persona altamente sensible.

Esta noción de que una persona altamente sensible es demasiado emocional, es algo erróneo. De hecho, ser altamente sensible significa que una persona está más en sintonía con su ambiente que otros. Hay algunas desventajas de esto, incluyendo el hecho de que una persona altamente sensible se asusta fácilmente o no puede manejar ruidos demasiado fuertes. También significa que las multitudes y los lugares muy concurridos con muchos colores y actividad pueden abrumar a una persona con este rasgo.

Puede que lloren con comerciales o se sientan enfermos cuando ven violencia en las noticias o en televisión. Pero esto no significa que no estén en control de sus emociones. Solo significa que sienten los sentimientos profundamente, y los estímulos exteriores tienen un impacto en ellos.

En sus propios cuerpos, las personas altamente sensibles también serán más susceptibles y experimentarán el dolor a un nivel diferente. Esto significa que, si se enferman o sufren alguna lesión, sentirán cada momento de agonía. Si sus sentimientos son heridos, de forma intencional o no, igualmente lo sentirán de forma increíblemente profunda.

Por otra parte, la mayoría de las personas altamente sensibles son conscientes de que sienten y experimentan el mundo de manera diferente, y a menudo no expresan estas cosas a los demás. Si se sienten abrumados por situaciones o sonidos, harán lo que puedan para escapar. Si tienen dolor, a menudo sufren en silencio. Si una persona ha herido sus sentimientos, puede que hagan un comentario, pero lo más probable es que lo repriman en su interior y se lo guarden para sí mismos.

El único momento en que las personas altamente sensibles pueden arremeter o reaccionar negativamente, es si se sienten atrapadas. Si están atascadas en una multitud o situación de la que no pueden salir y están siendo bombardeados con estímulos que no pueden controlar, encontrarán una manera de protegerse a sí mismos. Esto generalmente se produce como una liberación emocional, la intención de esta liberación no es ser hiriente, pero una persona altamente sensible no puede soportar estímulos como los demás, y demasiado de esto puede tener un gran impacto en su psique y bienestar.

Disfrutan estar solos

Al respecto del tiempo a solas, los empáticos a menudo necesitan tiempo solos y se retraen después de estar bajo situaciones estimulantes. Esto les permite recargarse y reorganizarse después de haber sido desbordados con sonidos, vistas y varias emociones.

La mayoría de los empáticos disfrutan estar solos y no se sienten solitarios. Disfrutan de poder refugiarse en sus mentes y pensar en las experiencias que tuvieron y en lo que aprendieron de ellas, o simplemente relajarse y no pensar en nada. En muchos casos, como empático, disfrutas completo y total silencio durante tu tiempo de inactividad. Puedes dedicarte a leer un buen libro, tomar un baño, meditar, hacer yoga o solo mirar por la ventana - y cualquiera de esas cosas puede hacerte increíblemente feliz.

Probablemente también disfrutes mucho estar afuera en la naturaleza, y es de esta forma como realmente puedes recargarte. Ya sea con una caminata por un parque de la ciudad, sentado en el patio, o alejándote de la ciudad, puedes disfrutar las vistas, sonidos y olores de la naturaleza y el sosiego que puede brindar el estar afuera.

Casi seguramente, también eres un amante de los animales. Incluso quizás tengas algunas mascotas en casa, y probablemente pases mucho tiempo con ellas y les hables a diario. Aunque te sientes bien con la gente, el tiempo que pasas con tus mascotas es agradable porque no te agotan la energía ni te cargan con problemas negativos. En cambio, te llenan de amor y apoyo incondicional.

Introvertidos

Muchos empáticos son introvertidos. Al igual que ser altamente sensibles, este es un término que muchas personas malinterpretan. Piensan que significa que eres tímido o tienes ansiedad social. Si bien un introvertido puede ser tímido y sentir ansiedad por estar alrededor de otros, el rasgo no sólo se trata de eso. Ser introvertido significa que estás más atento a los sentimientos internos que a los acontecimientos externos.

Hay introvertidos que realmente disfrutan estar rodeados de gente, pero puede ser agotador interactuar con ellos. Esto es diferente para los extrovertidos, que obtienen energía interactuando con otros. Como introvertido, normalmente eres consciente de ti mismo porque pasas mucho tiempo en tu propia cabeza examinando y tratando de entender tus emociones.

Ser introvertido no significa que no tengas amigos o que no te guste salir. Lo más probable es que tengas un pequeño grupo de amigos con los que a veces sales. Lo que significa ser introvertido es que prefieres la soledad a las reuniones ruidosas y tener amistades de alta calidad antes que estar rodeado de mucha gente.

Habilidad de leer una habitación

Parte de tus habilidades de empático, te permiten leer una habitación antes de entrar a la misma. Sientes las energías, y probablemente llegan a ti en olas. Si el ambiente de la habitación es positivo y alegre, probablemente pasarás algo de tiempo pasando el rato y hablando con otros. Si sientes algo negativo, probablemente abandones la situación o - si no puedes - te retraigas en ti mismo.

Habilidad de leer a las personas

Como empático, tienes la habilidad de leer a las personas. Como he mencionado al principio del capítulo, puede que te des cuenta de que una persona está sensible antes de que empiece a hablar contigo. Tienes la capacidad de captar emociones positivas y negativas, y a menudo eres capaz de saber si alguien te está mintiendo.

Esto puede no ser obvio al principio, pero mientras hablas con alguien, puede sentir que algo "no está bien" o que su aura parece oscura. Posiblemente te incomode y necesites poner una barrera entre tú y esta otra persona, quizás cruces los brazos y te vuelvas distante. Una vez que tengas la oportunidad de escapar, tómala y luego trata de evitar a esta persona tanto como puedas.

Confía en este sentimiento. Tu intención está avisándote que algo no está bien y mantenerte alojado es probablemente una buena idea. Por el contrario, estar rodeado de gente que te hace feliz y te hace sentir en calor puede resultar en amistades increíbles que disfrutes toda la vida.

Tu capacidad de leer a las personas es a menudo lo que las atrae hacia ti. Se sienten cómodas y relajadas a tu alrededor, con frecuencia permitiéndoles que se abran y hablen contigo sobre una variedad de cosas diferentes. Quizás te des cuenta que esto sucede con personas que acabas de conocer y niños. Tu habilidad para hacer que las personas se sientan cómodas puede llevarlas a contarte sus secretos más profundos o a descargar su equipaje emocional. En la mayoría de los casos, no te importa porque por ser empático, tienes el deseo de ayudar a otros.

Buenos oyentes

Parte de ser capaz de leer a la gente, significa que también eres un buen oyente, y los demás pueden percibirlo, lo que a menudo es la razón por la que empiezan a compartir contigo, incluso cuando acabas de conocerlos. Como lo he mencionado, no suele ser importante que alguien haga esto porque genuinamente disfrutas ayudar a las personas y estar emocionalmente conectado con ellas. Sin embargo, si empiezan a hablar de temas mundanos, es posible que te encuentres divagando en tus sueños o pensando en otras cosas.

Como empático, deseas conexiones profundas con la gente. Quieres saber todo sobre sus esperanzas, sueños y miedos. Te hace feliz y te emociona escuchar lo que hace a otras personas salir de su cama por las mañanas y lo que les apasiona. Esto te permite conocerlos realmente, no soló la personalidad que muestran en público.

Tienes la habilidad de tener conversaciones triviales sobre el clima si lo deseas, pero es un reto para ti sostener estas conversaciones por un largo rato. Cuando estos son los temas de conversación, no te lleva mucho tiempo aburrirte y que tu mente se desvíe. Este también puede ser otro momento en el que te retires en situaciones sociales, buscando un lugar para sentarte solo y no interactuar con nadie.

Capacidad de traer paz

Hace años, trabajé en una oficina cuya planta era de ambiente abierto. Para una persona altamente sensible, este no es el ambiente ideal porque da paso a demasiados estímulos en una sola área. También significa que cada día tenía que sentarme en un cubículo con mis compañeros de trabajo y debía encontrar una forma de hacer mi trabajo.

Tener tantas personas juntas en este tiempo de ambiente cerrado, es propenso a generar problemas. Alguien pudiera llegar después de despertar con el pie izquierdo, o algún comportamiento puede poseer un hábito que otros consideren molesto. Quizás jueguen con el clic del bolígrafo, hagan ruido con sus pies o sorban su café. Algo, en algún punto va a enloquecer a alguien. Como persona empática, soy naturalmente reacia al conflicto, así que hice lo que pude para asegurar que todos en el cubículo no se pusieran nerviosos y el día transcurriera pacíficamente.

Después de algunos años, decidí cambiarme de trabajo. Cuando le informé a mis colegas mi decisión, uno de ellos me dijo que no podía irme porque era el pegamento que mantenía unido al grupo. Eso tenía que ser muy entrañable, y dice mucho de mi capacidad para ser pacifista y asegurar que todo el mundo se llevara bien.

Muchos empáticos tienen esta habilidad. Mientras sabemos que no todos los conflictos pueden evitarse, hacemos lo mejor que podemos para ayudar a las personas a ver cómo manejarlos como adultos y causar el menor daño emocional posible. No creemos que haya ninguna razón para que una persona sea mezquina o vengativa, pero la gente tiene todo el derecho a sus sentimientos. Cuando vemos que surgen problemas, hacemos lo que podemos para disipar la situación y reconocer los sentimientos de los demás y asegurarnos de que sean validados y escuchados.

Creativos y peculiares

Ser un empático significa que experimentas el mundo diferente a los demás, y eso a su vez significa que probablemente eres diferente a tus amigos y familia. Tienes peculiaridades que te hacen especial y único. En tus años de juventud, puede que hayas escuchado de muchas personas que eras "raro", o recibías esa mirada donde su nariz se arrugaba y su labio superior se ondulaba.

En ese momento, probablemente no te gustaba que te señalaran así. No querías ser raro o diferente, pero tampoco podías evitarlo. Ahora, deberías aceptarlo. Siéntete bien con actuar según tu criterio. Tu habilidad de ser peculiar y diferente es parte de tu encanto. Te hace resaltar entre los demás e ir en contra del status quo. También te da la libertad de buscar tu propio camino y seguir tus sueños.

Además de ser peculiar, probablemente eres increíblemente creativo. Ya sea que disfrutes creando arte, escribiendo, cosiendo o cocinando, pondrás todo de ti en tus esfuerzos creativos. Lo único más satisfactorio que crear algo es ver a otra persona disfrutar de lo que has hecho. Esto puede alegrarte el día entero.

Alegrías y tristezas de ser un empático

Si te identificas con muchos de estos rasgos, probablemente eres empático. Tu habilidad de leer a las personas y a tu ambiente te permite conectarte con otros de manera profunda y significativa. Otros te ven como un gran amigo y confidente - aunque seas un poco diferente.

Ser capaz de conectarte con otros a este nivel puede ser increíble. Sin embargo, hay algunas tristezas que vienen con ser un empático. La primera es que eres bombardeado con emociones todo el tiempo - negativas y positivas - y esto puede ser agotador. Las emociones negativas son usualmente las más difíciles de manejar.

Aunque eres un gran confidente con el que los demás pueden hablar, a menudo sientes que no te brindan la misma cortesía. Ellos están más que felices de compartir todo contigo, pero cuando quieres hablar, parecen distantes, desinteresados o simplemente no escuchan. Cuando no tienes una salida para tus emociones, pueden llegar a ser abrumadoras. A menudo, esto hace que te apartes y te aísles de otras personas.

Afortunadamente, hay algunos consejos y trucos que puedes emplear para ayudarte con este tema, cubiertos en los capítulos 4 y 5 de este libro. Lo más importante que hay que tener en cuenta como empático es que estás conectado al mundo de maneras que otros no. Es posible que te vean como un ser extraño y maravilloso, - tú eres sorprendente - y eso se evidencia por el hecho de que la gente quiere pasar tiempo contigo.

Resumen del capítulo

Los empáticos experimentan al mundo y a otros a un nivel emocional más profundo

Hay ocho rasgos que la mayoría de empáticos poseen, y esto los hace únicos y especiales

Ser sensible a las emociones de los demás tiene impactos tanto positivos como negativos.

En el próximo capítulo, aprenderás sobre los diferentes tipos de empáticos.

Capítulo dos: ¿Qué es un empático? Los 9 tipos de empáticos

En el capítulo uno, observamos los rasgos que poseen muchos de los empáticos. Esto te debe haber dado una idea de por qué tienes la habilidad de interactuar con otros y por qué actúas de la manera en que actúas. Como empático, también tienes la habilidad de interactuar con el mundo de forma única, y a menudo intuitiva, esto crea conexiones más profundas y significativas.

Tu habilidad para captar los estados emocionales de las personas, no fue algo para lo que buscaste entrenarte. Es algo que pasa naturalmente, y probablemente notaste que has tenido esta habilidad desde que eras un niño. Cuando estabas en el área de juegos con tus amigos, parecías saber cuándo uno de ellos estaba molesto o escondiéndose de los demás. Lo más probable es que los buscaras y te sentaras con ellos hasta que terminara el recreo.

Mientras crecías, esta preocupación y deseo de estar ahí para otros no se detuvo. No importaba a donde fueras, podías sentir los estados emocionales de aquellos a tu alrededor. Por supuesto, la mejor parte es cuando los demás están contentos y emocionados porque tú también te sentías contento y emocionado, pero también los ayudas en los momentos difíciles.

Ambas situaciones pueden ser increíblemente agotadoras y desgastantes, pero no es algo que puedas apagar.

Ser un empático es maravilloso. Sin embargo, como cada persona es diferente, cada empático es diferente, y tendrás diferentes destrezas y habilidades a otros empáticos que conozcas. (Si, hay probabilidad de que conozcas a otro empático). Este capítulo observa a algunos diferentes tipos de empáticos y te ayuda a descubrir qué tipo eres tú.

Empático emocional

Este es uno de los tipos más comunes de empáticos. Si eres un empático emocional, tienes la habilidad de captar las emociones de otros, y sentirás las emociones en tu propio cuerpo. Significa que, si estas cerca de alguien que está muy triste, también te sentirás muy triste. Lo mismo ocurre con la felicidad y la ira extremas y con todas las demás emociones.

A pesar de que es agradable ser capaz de relacionare con otros en un nivel emocional y poder ponerte en sus zapatos, esto puede tener consecuencias en tu bienestar emocional. Si realmente quieres ser feliz por un logro, pero te encuentras siendo arrastrado por un amigo que está pasando por un momento difícil, tu individualidad y tus emociones se pierden.

Ser un empático emocional crea conexiones profundas y significativas con los demás, pero también te resta a ti mismo. Sentir las emociones de otra persona y luego separarte de ellas es la manera en que mantienes tu identidad propia y no te involucras con todas las personas que conoces. Puede ser desafiante, no te hace menos empático y aún puedes ser una persona buena y servicial, pero conservando tu energía y tu individualidad.

Empático intuitivo/claricognitivo

Si eres un empático intuitivo/claricognitivo, tienes la habilidad de leer a la gente sólo mirándola. Algunos describen esto como ser capaz de ver la energía de una persona o de leer su aura. No importa como lo describas, tener esta capacidad inmediatamente te deja saber si alguien está feliz, molesto o te está mintiendo.

Puedes incluso tener sueños clarividentes o pre cognitivos. Quizás experimentes una sensación de déjà vu y simplemente saber que algo está a punto de suceder. Posiblemente no siempre sea posible acertar exactamente con lo que va a suceder o cambiar la situación, pero tener algo de advertencia puede ayudarte a preparar para lo que sea que se te presente.

Si eres este tipo de empático, generalmente te rodeas de personas que tienen buenas energías o auras. Evitarás personas que te hacen sentir incómodo o que no se "sienten correctamente". Como puedes captar las intenciones y emociones de otras personas sólo con mirarlas, esto puede hacer que el estar en grupos poco conocidos o cerca de extraños sea un reto. Encontrar una manera de bloquear las energías y las auras puede devolverte tu energía.

Empático físico

Como empático físico, tienes la habilidad de sentir las enfermedades e incomodidades físicas de otros, como dolor en tu propio cuerpo o simplemente saber que algo no está bien. Muchas personas que tienen esta habilidad entran en algún tipo de campo de sanación, ya que esto les da la oportunidad de ayudar a otros y ponerlos en el camino de la recuperación.

Empático intelectual

Si caes en esta categoría, tienes la habilidad de comunicarte con otros usando una jerga y vocabulario diferente. Esto no significa que instantáneamente comenzarás a hablar un idioma extranjero, pero serás capaz de captar la jerga o modismos que una persona usa fácil y rápidamente. En la mayoría de casos, no habrás estado expuesto a los términos antes, pero tienes la habilidad de leer el comportamiento del otro y captar su significado.

Esto te convierte en un camaleón social, capaz de encajar en muchos grupos y con personas diferentes. Quizás te clasifiques como una mariposa social, porque puedes moverte con facilidad de un grupo a otro y llevarte bien y entender de lo que cada uno está hablando. Esto te hace increíblemente simpático y encantador porque puedes actuar como un puente para unir a los demás y tienes una amplia gama de personas con las que disfrutas interactuando.

En el capítulo uno, se mencionó que a la mayoría de los empáticos no les gustan las conversaciones triviales. Si eres un empático intelectual, puedes entablar muchas conversaciones con una variedad de personas interesantes que son a la vez estimulantes y emocionantes. ¡Con esta habilidad, es posible que no tengas más una conversación trivial!

Empático geomántico

Si tienes esta habilidad, estás en sintonía con el paisaje físico. Esto te proporciona una profunda conexión con lugares específicos, a menudo sin razón aparente. Otros lugares pueden hacer que te sientas incómodo y es posible que no entiendas por qué. A menudo estás profundamente conectado con el mundo natural y sientes dolor o te entristeces cuando se daña.

Como este tipo de empático, para hacer algo bueno por el mundo, es posible que te dediques a la defensa del medio ambiente y disfrutes de pasar tiempo en la naturaleza. Probablemente te sientes increíblemente cómodo sentado solo al lado de un arroyo o caminando por el bosque. Encuentras comodidad y consuelo lejos de los demás, dejando que el mundo natural te rodee. Cuando se trata de tu hogar, es probable que esté lleno de plantas, y seguramente prefieras los olores y tejidos naturales a los artificiales.

Empático de plantas

Si notas que tienes una habilidad natural para cultivar jardines o plantas en tu casa porque simplemente pareces saber lo que las plantas necesitan, quizás seas un empático de plantas. Esto también puede haber tenido un impacto en el trabajo que hayas elegido, y probablemente trabajas con plantas de alguna forma.

Algunas personas que caen en esta categoría, afirman que reciben orientación de las plantas que los rodean, y que la información se dirige a su mente. Como empático de las plantas, probablemente estructures tu día y tu vida de manera que puedas tener mucho contacto con las plantas y los árboles y pasar mucho tiempo en la naturaleza.

Empático de animales

Al igual que los empáticos de las plantas, simplemente pareces saber lo que necesitan los animales. Probablemente también los atraes. De niño, puedes haber sido el que siempre encontraba los animales callejeros o enfermos y los llevaba a casa para cuidarlos. Mientras te hacías mayor, más enfocado a los animales te volvías y actualmente quizás tengas un trabajo donde puedes cuidarlos.

Como empático de animales, puedes preferir la compañía de estos a la de los humanos, y posiblemente seas vegano para que ningún animal deba sufrir por tus acciones. Algunos empáticos de los animales reportan ser capaces de comunicarse telepáticamente con los animales y dicen que es así como saben exactamente lo que los animales quieren y necesitan.

Empático telepático

Si pareces saber lo que otra persona está pensando, quizás seas un empático telepático. Ser capaz de leer los pensamientos que no expresan las personas, puede ser algo bueno y malo. Puede ayudarte a conectar con ellos en un nivel diferente, pero también puede ser desconcertante saber exactamente como se siente al respecto de ti u otros. Esto puede ser porque captas sus pensamientos de alegría o angustia. Incluso si no has hablado con esa persona durante años, tendrás que ponerte en contacto con ella y averiguar qué está pasando.

Empático espiritual

A menudo a esto se llama medium o incluso psíquico. Si posees esta habilidad, puedes conectar con espíritus o personas en otros planos. Esto puede incluir personas que ha puerto o seres que existen en tu sistema de creencias - incluyendo ángeles, demonios o lo que sea.

En tus comunicaciones, esto seres pueden darte información sobre el futuro, pasado, o quizás solo quieran hablar. Son capaces de ayudarte a formar una conexión más profunda con el mundo físico y el plano espiritual del más allá. Puede ser una gran manera de obtener una visión más profunda de ti mismo y de las personas que te rodean.

¿Qué tipo de empático eres?

Con los diferentes tipos de empáticos que existen en el mundo, podrás notar que tienes más rasgos de una categoría u otra. Sin embargo, también es posible que estés dentro de más de una categoría. Puedes ser un empático emocional y espiritual o telepático y físico. También podría ser realmente bueno al saber lo que necesitan tanto las plantas como los animales.

Lo impresionante de las habilidades empáticas, es como interactuar con el mundo. Tienes un sentido especial para las personas y los lugares, sin haber tenido un entrenamiento formal. Tus habilidades probablemente siempre han estado ahí. A pesar del hecho que no aprendiste estas características y simplemente aparecieron, igualmente puedes pulirlas y hacerlas más fuertes.

Esto es algo que se discutirá más tarde en este libro. Estar en sintonía con tus dones y habilidades te permitirá mantener tus pensamientos y emociones separados de las de otros y evitará que te sientas drenado o bombardeado por los impactos negativos. También te permitirá escuchar más atentamente y ser más capaz de ayudar a la gente y al mundo.

Resumen del capítulo

- Hay 9 tipos de empáticos diferentes, y cada uno tiene una habilidad única y especial

- A los empáticos no se les enseña sus habilidades especiales, simplemente existen

- Es posible tener una o más características empáticas

En el siguiente capítulo, aprenderás sobre las habilidades empáticas.

Capítulo tres: ¿Cuáles son las habilidades de los empáticos?

Hemos observado los rasgos y tipos de empáticos, y para este momento debes tener una noción del tipo de empático que puedes ser. Recuerda, se puede poseer más de un rasgo y ser capaz de experimentar e interactuar con el mundo en más de una forma. En realidad, quizás descubras que tienes varias habilidades entre todos los tipos de empáticos - y eso está bien. Tienes la opción de desarrollar uno de estos dones más que otros o encontrar una manera de hacer que todos los rasgos se adapten bien a ti.

Ser un empático es un don excepcional, pero no es realmente entendido de donde viene. Ha habido intentos de determinar cómo un empático procesa la información a su alrededor y siente las emociones de otros, pero nadie ha logrado una explicación concreta. Tampoco está claro cómo se obtienen estos rasgos, ya sean genéticos o aprendidos. Muchos creen que es genético, ya que los padres que afirman tener algunas habilidades psíquicas o empáticas también tienen hijos que poseen estos rasgos.

Habilidades empáticas

Cuando se trata de habilidades empáticas, se habla de la habilidad de sentir lo que otra persona siente. Puedes sentir o saber que algo sucede antes que digan algo. Esto puede deberse a cómo lees su energía, aura o te conectas a sus pensamientos. No importa cómo obtienes la información, muchos creen que lo hacen de forma mística o divina.

Recopilas datos positivos y negativos del mundo que te rodea. Puedes ser un detector de mentiras humano y saber qué personas evitar porque son falsas o manipuladoras. Por el contrario, también sabes quiénes son los verdaderos amigos y las personas realmente buenas porque puedes sentirlo en lo más profundo de tu ser.

Esto te permite conectarte y percibir tu alrededor de forma que otros no pueden. También puedes tener lo que llaman "voz interna" y esto es a menudo de donde viene la información sobre el mundo. Más que probablemente, escuches esta voz en tu cabeza. Para algunos, sin embargo, puede sonar como si una fuente externa les estuviera susurrando.

Cuando era niña, recuerdo claramente que siempre tenía esta voz o conciencia, pero no se afinó hasta que fui mayor. Mi tipo de empático es el intuitivo, y puedo recordar desde la escuela primaria que me encantaba ir a la cama y soñar porque esa realidad parecía más verdadera que el mundo real. Recibía mensajes e información en mis sueños, y me permitía guiarme y superar el día.

Como puedes imaginar, esta información era directa y fácil de entender. En muchos sentidos, era críptica y podía ser ligeramente confusa. Sin embargo, a medida que perfeccionaba mis habilidades y aprendía a interpretar mis sueños, éstos tenían más sentido. Por supuesto, los sueños y las precogniciones no siempre proporcionan la historia completa, así que a veces tienes la sensación de que algo va a suceder, pero no sabes qué.

Cuando era joven, como no tenía otra forma de explicar mi voz interna a las personas, simplemente les decía que era mi ángel guardián. Como parecía saber cosas sobre otros - a veces antes que ellos mismos lo supieran - Me observaban con ojos críticos. Como no quería ser rara o rechazada, decirles que tenía un ángel me parecía una respuesta suficiente. Detuvo las miradas raras y me hizo saber que realmente no estaba loca.

Con el paso del tiempo, no perdí mis habilidades de empática, pero tampoco les tenía mucha fe. La vida tiene formas de golpearte y desafiarte, así que, aunque la voz seguía hablando, la ignoraba o la ahogaba con alcohol. Debido a dificultades y problemas externos, dejé de confiar en mis instintos y empecé a escuchar a otras personas. Esto condujo al desarrollo de muchos problemas.

Las desventajas de ser un empático

Tener la habilidad de percibir las emociones de otras personas, nos proporciona la capacidad única de ayudarlos - y usualmente queremos ayudar a otros. Como empáticos, somos personas amables y afectuosas que desean que todos se lleven bien y que el mundo sea un lugar hermoso e inspirador. Sin embargo, otros no ven el mundo de la misma manera que nosotros. Como estoy segura que habrás descubierto, hay personas en este mundo que sólo se preocupan por sí mismas y harán todo lo que puedan para conseguir lo que quieren.

Debido a la naturaleza amable y afectuosa de los empáticos, tomamos un rol de reparadores. Queremos que otros sean mejores personas y hacemos lo que podemos para hacerlos felices. Escucharemos sus problemas y les ofreceremos consejos. Incluso podemos hacer cosas como cuidar de sus niños, limpiar su casa o llevar a cabo otras tareas porque pensamos que eso es lo que necesitan para sentirse mejor y felices.

En muchas formas, queremos agradarle a la gente. Queremos que sean tan cariñosos, afectuosos y emocionalmente unidos al mundo como nosotros. Los empáticos creemos que si podemos mostrar a otros lo asombroso que es este mundo y lo beneficioso que puede ser estar conectado, entonces todo mejorará. Las guerras se detendrán. El odio desaparecerá. El amor se impondrá.

Esto puede parecer una forma muy de color rosa de ver el mundo, pero obsérvate honestamente y a lo que haces. Cuando eres amable y ayudas a alguien, te sientes bien. La mayoría de las veces, las personas son agradecidas, e incluso pueden ser felices por un momento. Si pudieran hacer lo mismo por otro, la vida sería increíble. Desafortunadamente, no todo el mundo tiene nuestras habilidades o puntos de vista. Esto puede llevar a que se aprovechen de ello.

Hay personas en el mundo que usan a otros para sentirse mejor consigo mismos, y este tema será discutido en el capítulo 9 donde se habla de los narcisistas. Sin embargo, no serán las únicas que se aprovecharán de ti. Cualquiera que piense que puede obtener una experiencia emocional gratis a expensas de otro lo aceptará si puede. Después de que arregles sus problemas, desaparecerán de tu vida. Aquí, como podrás imaginar, es de donde vienen nuestros miedos al abandono y al rechazo.

Además, con nuestras acciones enfocadas hacia afuera, a menudo nos olvidamos de cuidarnos a nosotros mismos. Esto significa que podemos caer fácilmente en la depresión y la ansiedad. Como personas altamente sensibles, los demás pueden herir fácilmente nuestros sentimientos. Cuando esto sucede, podemos encontrar que nos retraemos en nosotros mismos y nos sentimos solos e incluso abandonados.

Inhabilidad para cambiar

Cuando investigaba para este libro, me topé con un video que hablaba sobre las diez dificultades que tienen los empáticos, y una es el cambio. Mi reacción inicial fue descartar esa observación; los empáticos tienen la habilidad de cambiar para encajar en todo tipo de situaciones de modo que puedan estar ahí para aquellos que están sufriendo.

Mientras el video continuaba, explicaba que inhabilidad de cambiar tenía que ver con nuestra naturaleza afectuosa y la habilidad de absorber las emociones de otros a nuestro alrededor. No podemos cambiar esa parte de quienes somos. En algunos casos, ni siquiera podemos apagarlo. No importa cuántas copas tomemos para adormecer la sensación u otros mecanismos de afrontamiento que podamos utilizar para dejar de sentir, no podemos hacerlo.

Eso tuvo más sentido para mí. No es algo que podemos apagar. He intentado hacerlo en el pasado, y quizás tú también. Cuando lo hacía, se sentía como si una parte de mi faltara, como si no estuviese completa. Lidiar con eso también era difícil.

La incapacidad de cambiar también va unida a otro rasgo de empatía que muchos poseemos. A la mayoría de nosotros nos cuesta abrirnos a otras personas. Estamos más que contentos de ayudar a alguien con las dificultades que pueda estar experimentando, pero cuando se trata de nuestros problemas, no sabemos cómo pedir ayuda y odiamos hablar de nosotros mismos o ser el centro de atención.

Esto podría provenir de muchos lugares diferentes, incluyendo sentimientos heridos, temores de abandono y sentimientos de aislamiento. A lo largo de gran parte de mi historia como empática, he tenido en mi vida personas que han llegado y se han ido, muchas de las cuales sólo buscaban un impulso rápido -que yo estaba más que contenta de proporcionar- y luego se marchaban.

Ser abandonados en el pasado hace que sea difícil confiar en que los demás nos darán la misma cortesía cuando se trata de nuestras emociones y asuntos que nosotros les damos a ellos. El mundo nos ha demostrado una y otra vez que es cruel y que la gente sólo se preocupa por sí misma. Eso no cambia la forma en que nos acercamos a los demás, pero tiene un gran impacto en la forma en que dejamos que la gente se acerque a nosotros.

Enfrentarse al mundo

Los empáticos usualmente son considerados regalos inusuales y fantásticos. Somos los unicornios del mundo. Tenemos una habilidad extraña e inexplicable para captar las emociones de otras personas y tener una conexión profunda y significativa con el mundo, las plantas y animales que viven en él. Sabemos cosas, aunque no sepamos cómo las sabemos. Esto es tanto una bendición como una maldición.

Aunque hay algunas personas en este mundo que aprecian y aman a los empáticos por quienes son, a menudo nos sentimos solos y aislados. En algunos casos, incluso podemos tratar de negar nuestras habilidades sólo para poder encajar y no ser vistos como diferentes.

El mundo puede ser un lugar cruel y difícil. Lo que aporta un empático es conciencia y otra forma de ver el mundo. Si bien la energía de un empático se drena fácilmente cuando ayuda a otros, todavía vemos la belleza en el mundo. Sabemos el valor de estar conectados y ser amables. Podemos llorar por la humanidad, pero también queremos encontrar una manera de salvarla.

Resumen del capítulo

- Los empáticos tienen la habilidad de sentir las emociones de otros

- Los empáticos quieren ayudar a otros a vivir vidas mejores y más felices

- Puede ser difícil ser un empático, y podemos experimentar depresión y ansiedad

En el próximo capítulo, aprenderás por qué los empáticos se sienten abrumados y agotados.

Capítulo cuatro: ¿Por qué los empáticos se sienten abrumados y exhaustos?

Evitando la energía negativa

A medida que continúes en el camino de descubrir quién eres como empático, te darás cuenta de lo maravilloso que eres. No eres el único que ve esto; hay otros en el mundo que reconocen que eres especial. Sin embargo, no todos quieren celebrar tus dones, algunos quizás quieran explotarlos.

Absorber y sentir las emociones del mundo puede ser increíblemente agotador. Desde el momento que sales de tu casa, estas siendo bombardeado por las emociones y energía de todos los demás. Esto sucede mientras te diriges al trabajo, en el trabajo, con tus hijos y tu pareja, cuando pasas tiempo con familiares y amigos. La única vez que puedes descansar de esta embestida es cuando estás solo.

Mientras que no toda la energía que recibes es negativa, una gran parte puede serlo. En muchos casos, la energía negativa es más demandante y más fuerte que la positiva, por lo que puede ser lo percibas, lo quieras o no. Además, la gente que busca explotarte por lo general no tiene buenas intenciones, así que también estarás expuesto a su negatividad. A estos individuos s eles llama vampiros energéticos. A diferencia de los vampiros que te drenan bebiendo tu sangre, estos te quitan tu energía exigiendo atención constante.

¿Qué es un vampiro energético?

Un vampiro energético puede ser cualquiera, desde amigos y familia hasta colegas y extraños que conozcas en la calle. Se alimentan de tu energía emocional para motivarse. En la mayoría de los casos, un vampiro de energía carece de empatía, madurez emocional y sensibilidad. Esto generalmente se debe a inseguridad o dolor interior. Así, para sentirse mejor, se aprovechan de la vitalidad y la felicidad de los demás.

Como empático, tienes el deseo de ayudar a otros, y los vampiros energéticos te buscaran porque piensan que puedes resolver sus problemas. Sin límites saludables (y tal vez sin darte cuenta de que la persona es un vampiro energético), los dejarás entrar y tratarás de ayudar. Esto, como puedes imaginar, terminará teniendo un costo para ti. Un vampiro energético te drenará hasta el punto en que ya no serás capaz de cuidarte a ti mismo.

Es fácil mirar a los vampiros energéticos con un ojo de desprecio y pensar que son personas terribles. Pero es importante reconocer que son personas que tienen dolor y que no tienen la madurez emocional o la conciencia de sí mismas para enfrentarlo de una manera saludable. Esto no significa que sea tu trabajo arreglarlos. Sólo ellos pueden arreglarse a sí mismos.

Cuando se trata de reconocer si una persona es un vampiro energético, hay algunos signos que debes observar. Ten en cuenta que, como personas, los vampiros energéticos pueden ser diferentes y estar dentro de un espectro. Algunos pueden no ser tan malos como otros, y hay otros que son lo peor de lo peor.

Ser un vampiro energético no es un diagnóstico clínico. De hecho, el término es más informal que profesional. Las personas que exhiben estos rasgos pueden o no tener una enfermedad mental, como ser un psicópata o sociópata, un narcisista, o tener un desorden de límite de personalidad, pero algunos podrían. En algunos casos, ser un vampiro energético puede ser un rasgo aprendido. Como se mencionó, hay diferentes tipos de vampiros energéticos, así que hay que estar atentos a ellos.

Vampiro víctima

Los vampiros energéticos de este tipo se presentarán a sí mismos como a merced del mundo. Siempre hay alguien o algo que los persigue, por lo que parece que no pueden avanzar o tomar un respiro. Se negarán a asumir la responsabilidad de sus propias acciones e incluso pueden tratar de hacer que te sientas culpable por no ayudarlos.

La mayoría de las veces, este tipo de vampiro sufre de baja autoestima, y no sienten que reciben suficiente aprobación, aprecio o amor. Esto es lo que ellos esperan que les des, y si no lo haces en el grado que ellos desean, te hacen sentir culpable para obtener más de ti y así satisfacer sus necesidades.

Vampiro dependiente

Esta persona probablemente tiene una autoestima muy baja y teme hacer algo mal. Constantemente se harán preguntas y necesitarán instrucciones detalladas para resolver problemas o hacer su trabajo. Puede que tengan buenas intenciones, pero tratar constantemente de tranquilizar a esta persona y ayudarla con tareas sencillas te quitará mucho tiempo y agotará tu energía.

Vampiro dominante

Este vampiro energético siempre necesita sentirse superior. Sus inseguridades giran en torno a estar equivocados o ser débiles, lo que sobre-compensan siendo intimidantes y ruidosos. Tendrán creencias rígidas y verán el mundo en blanco y negro. Cualquier punto de vista u opinión que difiera del suyo es erróneo, y no son tímidos a la hora de decirte por qué. No importa si están totalmente equivocados, expresarán sus pensamientos e ideas y nadie puede decirles nada diferente.

Estas personas son más que probablemente intolerantes, racistas y sexistas. Tratarán de asustarte para que pienses que tienen razón. Necesitan tu energía para seguir sintiéndose más grandes que la vida y validados en sus opiniones.

Vampiro narcisista

Nos adentraremos más profundamente en los empáticos y narcisistas en el capítulo 9, pero quería mencionarlos brevemente aquí porque son absolutamente un vampiro energético. Si tienes que tratar con un narcisista, estás tratando con una persona que no tiene la habilidad de mostrar empatía o incluso preocuparse por la gente. Ellos ven a otros como objetos, un medio para un fin, y harán lo que puedan para conseguir lo que quieren. En sus mentes, el mundo gira en torno a ellos, y todos deben servir a sus necesidades y hacer exactamente lo que dicen. Como puedes imaginar, esto puede drenar rápidamente cualquier energía que puedas tener cuando intentes ayudar a este tipo de vampiro energético.

Vampiro egomaníaco

Este tipo de vampiro piensa que puede ocupar todo tu tiempo porque sus necesidades y deseos prevalecen, sobre todo. Esto podría ser un sub-tipo de un vampiro narcisista, ya que a menudo se sienten merecedores y que el mundo les debe algo.

También se encargarán de eliminar los nombres de personas famosas o exitosas que conozcan y de minimizar o ignorar el trabajo de otros. En algunos casos, pueden incluso decir que eres demasiado sensible o demasiado dramático cuando intentas ayudarlos.

Vampiro juicioso

Esta persona tendrá un sentido increíblemente bajo de autoestima, y la forma en que hablan es generalmente la forma en que se hablan a sí mismos. Ellos se enfocarán en tus inseguridades y se harán sentir más grandes haciéndote sentir pequeño. Harán esto a través de la vergüenza y otras tácticas manipuladoras para hacerte sentir menos persona.

Vampiro melodramático

Todos conocemos a esas personas que se alimentan del drama. Parece que siempre se encuentran enredados en un tema u otro. Si no se presenta una crisis, la crearán. Hay muchas razones por las que una persona puede hacer esto. Algunos pueden querer hacer el papel de víctima de algo que piensan que no está bien, o hacerse los héroes resolviendo la situación. También pueden disfrutar de la ira de otras personas.

Los vampiros melodramáticos usualmente tienen un vacío en sus vidas, y piensan que la única forma en la que pueden llenarlo es a través del drama. Probablemente eres consciente de que el drama constante es increíblemente agotador, y este vampiro lo usará para agotarte emocionalmente.

Como aislarte a ti mismo de una forma saludable

Como lo mencioné, las personas que son vampiros energéticos caen dentro de un espectro. Algunos serán increíblemente prepotentes y difíciles de tratar, mientras que otros serán más sutiles en su enfoque. Es importante darse cuenta de que es posible que no salgan y revelen abiertamente que son vampiros energéticos. La mayoría de las veces, serán manipuladores y astutos sobre cómo succionan tu energía. Saben que, si son prepotentes, te alejarán y no conseguirán lo que necesitan.

Además, es posible que una persona tenga más de un rasgo de los diferentes vampiros energéticos. Quizás te topes con una persona que es tanto víctima como melodramática. Alguien podría ser dependiente y un ególatra. Lo más importante que hay que recordar es que sufren de problemas muy profundos. A menudo son personas heridas que buscan tranquilidad y validación. Sin embargo, su enfoque para encontrarlos no es saludable. Esperan que los arregles, lo cual no es algo que puedas hacer. Tienen que arreglarse solos, pero muchos de ellos no están dispuestos a hacerlo.

La única manera de evitar que un vampiro de energía te drene es aislarte o crear límites. Esto puede ser un reto, especialmente si no te das cuenta de que estás siendo drenado y manipulado.

Reconoce tu rol

Las personas no pueden quitarte tu energía. No es como que un vampiro chupa sangre va a detenerte y chupar la sangre de tu cuerpo. Tendrás un rol en el proceso. Ya sea que te reúnas con ellos para tomar un café o para conversar con ellos, eso les da permiso para tomar tu energía.

Forma límites

Tienes la opción de decidir cuándo y cómo te relacionas con un vampiro energético. Si es un amigo cercano o miembro de la familia, sacarlos de tu vida completamente puede ser un reto - y quizás no sea una opción. Sin embargo, para asegurarte de tener la capacidad de cuidar de ti mismo y no sentirte constantemente cansado y agotado, necesitas crear algunos límites.

Estos dependerán del tipo de vampiro energético con el que estés tratando y de tus preferencias personales. Es posible que estés más que contento de escuchar a la persona hablar de sus problemas, pero puedes limitarlos a una hora. Posteriormente, tienes que hacer cumplir el límite. El vampiro energético hará todo lo posible para que te quedes, pero tú debes permanecer firme y salir de la conversación.

Si estás tratando con vampiros que te menosprecian, socavan o te hacen sentir culpable, hazles saber que no los escucharás ni tratarás con ellos si son irrespetuosos. Pondrán a prueba este límite, y cuando te hablen de una manera degradante o irrespetuosa, mantente fiel a tu palabra y termina la conversación. Esto puede requerir que te levantes y te vayas o concentres en otra tarea.

Reduce o rechaza el contacto

Además de crear límites, posiblemente debas reducir o rechazar completamente el contacto con un vampiro energético. Esto podría aplicar tanto a la familia como amigos o incluso colegas. Sólo tú puedes decidir qué es lo mejor para tu bienestar, pero mantente firme. Una vez más, ellos tratarán de regresar a tu vida para quitarte tu energía, pero tienes que evitar que eso suceda. Eventualmente, se cansarán de intentar y seguirán adelante para encontrar a alguien que sea más fácil de explotar y drenar.

Se amable contigo mismo

Como empático, quieres ser capaz de ayudar a otras personas, y estas se acercan con serios problemas. Sin embargo, no puedes arreglarlos. No importa lo que hagas, nunca será suficiente y necesitarán constantemente más y absorberán más de tu energía.

Al igual que tú eres muy bueno para estar ahí para otros y querer ayudar, los vampiros energéticos son muy buenos absorbiendo energía y haciendo que otros se rindan ante ellos. Pueden ser increíblemente engañosos y manipuladores, y saben exactamente cómo jugar con tus sentimentalismos. Permanecer fuerte, perdonar tus transgresiones y reevaluar los límites te ayudará a volver a encarrilarte.

¿Está mi empatía drenando mi energía?

Lo más probable es que si estás tratando con vampiros energéticos sin límites saludables y te sientes emocional y físicamente exhausto al final del día, tu empatía esté drenando tu energía. Hay algunas otras señales de que también podrías estar sufriendo de fatiga por la compasión empática.

Estas mental y emocionalmente exhausto

Hay una diferencia entre estar cansado después de un largo día y estar emocional y mentalmente cansado. El agotamiento mental y emocional están usualmente asociados con el estrés, lo que ciertamente puede aumentar cuando lidias con un vampiro energético. También puedes experimentar sentimientos de desesperanza, ira irracional, nerviosismo, dificultad para concentrarte, entre otros síntomas.

A pesar de tu agotamiento, no serás capaz de quedarte dormido, y si lo haces, no será por mucho. Tu mente se llenará de pensamientos incontrolables, incluyendo aquellos que pertenecen a otras personas y cómo interactuaste con ellas. Puede que desarrolles ansiedad y descubras que te estás volviendo más cínico y pesimista.

No deseas ver otras personas

Esto va más allá de tu necesidad normal de recargar y puede llegar al punto en el que no quieres interactuar con amigos cercanos o familia (incluyendo a tus hijos) por miedo a que necesiten algo de ti. Estas tan cansado que honestamente no piensas que puedes darles ni 5 minutos de conversación porque conllevará mucho esfuerzo.

Tu temor de ver a la gente puede significar que te aísles intencionalmente para no tener que tratar con nadie. Esto puede implicar que llames para decir que estás enfermo para trabajar o que te hagas el enfermo en casa para que no tengas que hablar con nadie. Puedes cancelar tus planes de reunirte con amigos o familiares o negarte a contestar sus correos electrónicos, llamadas o mensajes de texto.

Tu compasión y empatía son reemplazadas por insensibilidad

Cuando un empático experimenta el agotamiento, puede que ya no esté en contacto con el único rasgo que lo hace tan especial. Están cansados de estar ahí para los demás y tan exhaustos de ayudarlos que esencialmente se cierran. Aunque puede ser agradable por un tiempo no sentir nada, si esto continúa por un período prolongado, se volverá incómodo y desconcertante.

Estar desconectado no es quien eres. Estar insensibilizado e incapaz de sentir el mundo y a los demás no es tu forma de enfrentar el día. Aunque estas sensaciones pueden ser abrumadoras, necesitas que sepan que estás vivo y que eres parte de algo más grande que tú mismo. Sentirse insensible durante demasiado tiempo llevará a otros problemas, incluyendo la depresión.

Haz lo mejor para ti

Desafortunadamente, no podrás evitar a los vampiros energéticos a menos que te aísles completamente del mundo. Sin embargo, sabes tan bien como yo que esta no es una opción. Para asegurarse de que no te quiten demasiada energía, mantente en sintonía con tus sentimientos y crea límites saludables. Como empático, tienes el deseo de cuidar a otras personas, pero sólo puedes hacerlo si te cuidas a ti mismo.

Resumen del capítulo

- Las personas explotarán tu deseo de ayudar a otros y drenarán tu energía

- Mientras que es fácil ver los vampiros energéticos como monstruos, en realidad son personas que están heridas.

- Debes cuidar de ti mismo para poder cuidar a otros.

En el próximo capítulo, aprenderás como sanarte a ti mismo.

Capítulo Cinco: Autosanación para empáticos

En el capítulo anterior, hablamos sobre las razones por las cuales te puedes sentir agotado y abrumado y cómo crear límites para reducir la negatividad y sentirte mejor. En este capítulo, me gustaría enfocarme un poco más en el aspecto de la sanación siendo un empático.

Hemos hablado extensivamente sobre cómo los empáticos sienten la energía y emociones de las personas y el mundo a su alrededor. En muchas formas, esto se siente como una vibración. Algunos días podemos sentirlas viniendo hacia nosotros en olas, mientras que otras son un zumbido rodeándonos. No importa el tipo de vibración que sintamos, tienen un impacto. Queremos poder ayudar a los que nos rodean, pero también es agotador hacerlo.

La realidad es que cada ser humano tiene la habilidad de ser empático. Es un estado de estar conectado, de entender y estar consciente del estado emocional de otra persona. Los seres humanos tenemos varias emociones, pero todos las experimentamos y todos sentimos algo en algún nivel. Pero debido a nuestra educación, creencias, o debido a la desensibilización, muchas personas no están en sintonía con sus semejantes. No sienten sus emociones o perciben vibraciones. Están más que felices de ir por la vida sólo importándose a sí mismos.

También es importante señalar que ser un empático y tener empatía no es lo mismo. Un empático no tiene que tener empatía para ser capaz de percibir emociones, y otros también pueden ponerse en el lugar de sus amigos y entender por lo que están pasando sin sentir sus emociones. Dependiendo de cómo fuiste criado y de tus propias circunstancias, puede que no seas compasivo y cariñoso, pero eso no detiene la ola de emociones que se propagan a través de ti.

Debido a la habilidad de un empático de sentir y percibir todas las vibraciones del universo, esto usualmente termina teniendo un costo y drenando nuestra energía. Si cosas o malas o negativas suceden en el mundo, lo sentimos más profundamente que otros. A menudo, ni siquiera vemos las noticias porque sabemos que habrá algo perturbador y negativo en ellas. No es que no nos importe, es que no podemos hacer nada para ayudar, y eso nos hace sentir peor. También es agotador asumir toda esa energía.

Cuando se trata de cuidarse a sí mismo, es necesario practicar algunas técnicas de auto-cuidado antes de llegar al punto de estar completamente desgastado y vacío. Aquí es cuando la enfermedad puede tomar el control, y esto te afectará por más tiempo. Veamos algunas maneras en las que puedes cuidarte a ti mismo para que el mundo no consuma tu energía.

Recuerda cómo funcionas

Debes recordar que eres un empático y que puedes sentir y absorber las emociones de otras personas. Muchas veces, cuando te sientes desgastado y cansado, deseas darte la vuelta y escudarte de esto. Funciona por un corto periodo de tiempo y puede ayudarte a sanar, pero no es una solución a largo plazo.

Tratar de apagar una parte de ti mismo va a tomar mucho, dejándote más exhausto que antes.

Para sanar, tu meta no debería resistirte al dolor de otras personas si no aprender a como abrirte a él, sentirlo y luego dejarlo ir. No es tu trabajo asumir cada emoción y tratar de arreglarla, pero puedes reconocer que está ahí, procesarla por un momento y enviarla de regreso al universo. Esto toma menos energía y te permite ser quien eres.

No Es Tu Trabajo Arreglar A Todo El Mundo O Hacerte Cargo de Sus Heridas

Cuando sientes las emociones de otras personas, a menudo las tomas dentro de ti mismo y las sientes como si fueran tuyas. Esto te da una forma de conectar con ellos y ayudarles a superar sus problemas, pero no hay mucho que puedas hacer para ayudar a los demás. No puedes arreglar sus problemas por ellos o quitarles sus emociones. Puedes sentir empatía y ofrecer consejos, pero ellos tienen que hacer el trabajo para arreglarse a sí mismos.

Muchas veces, la gente no quiere arreglar sus problemas. Pueden sentirse seguros en su miseria o pueden prosperar siendo una víctima. Están más que contentos de que les quites su energía y su cansancio e intentes arreglar las cosas, pero no puedes hacer nada más que prestarles un hombro en el que llorar y les des algunos consejos. Para cuidar de ti mismo, necesitas darte cuenta de que no es tu trabajo arreglar a los demás o asumir sus problemas y su dolor. Puedes reconocerlo, procesarlo, y luego necesitas dejarlo ir.

Reconoce Tu Propio Dolor

Además de sentir el dolor de otras personas, también tenemos el nuestro con el que tenemos que lidiar. Esto puede ser increíblemente difícil porque a menudo no sentimos que tenemos personas con las que podamos hablar que nos ayuden en nuestros malos momentos. Estamos más que dispuestos a estar ahí para los demás, pero es difícil para nosotros abrirnos a ellos. Cuando nos agravian, también sentimos este dolor increíblemente profundo, por lo que puede ser difícil para nosotros confiar o dejar entrar a los demás.

Está bien sentir dolor. Está bien no ser capaz de ayudar a los demás. En lugar de huir de esto, necesitamos reconocerlo y entrar en él. Si necesitas tomarte un momento para derrumbarte y llorar, tómatelo. Esto no te hace débil, te hace humano. Si tienes que enfadarte y gritarle al mundo, entonces hazlo. No te convierte en un fracaso.

Ser capaz de reconocer tus propias emociones te da la oportunidad de trabajar a través de ellas para que puedas sentirte mejor. El dolor es la forma que tiene nuestro cuerpo de hacernos saber que algo va mal. Si te rompiste el brazo, lo sabrías porque te dolería mucho. Lo más probable es que no lo ignores y que vayas al médico para que lo arregle. Tu dolor emocional no es diferente. Duele porque tu cuerpo te dice que algo está mal. Puede que no sepas exactamente lo que es, pero en lugar de huir de él o ignorarlo, sentarse con él puede ser increíblemente beneficioso.

Si esto significa que necesitas ir a un profesional de la salud mental para que te ayude con el proceso, hazlo. A veces, obtener una perspectiva externa o simplemente ser capaz de decir lo que piensas libre y abiertamente es todo lo que necesitas para dejar ir las emociones. La mayoría de los psicólogos y psiquiatras también tienen herramientas y consejos que pueden darte para ayudarte a enfrentarte a los demás y al mundo.

A menudo, cuando te sientas con tu dolor, esto te da la oportunidad de profundizar en ti mismo para descubrir lo que te está molestando. Una vez que llegas a la causa de fondo, puedes trabajar para mejorar las cosas. Esta es otra manera de tomar las emociones, sentarse con ellas, y luego liberarlas.

Separa Tu Dolor de los Demás

Parte de ser capaz de reconocer tu propio dolor es ayudarte a distinguir si lo que sientes dentro es tuyo o del mundo. Cuando estás constantemente asumiendo las vibraciones y las emociones de los demás, puede ser confuso saber cuáles son verdaderamente tuyas y cuáles son las suyas. Por eso es tan importante sentarse con tu dolor y mirarlo para determinar si es tuyo. Si lo es, encuentra una manera de arreglarlo. Si no lo es, déjalo ir.

Durante este proceso, debes ser consciente de que también proyectas sentimientos y emociones en el mundo. No eres sólo una esponja. Cuando llegas al punto de agotamiento completo y total, es increíblemente fácil convertirse en víctima y culpar al mundo por lo que sientes y por la situación en la que te encuentras. Es fácil atar tu felicidad o la falta de ella a otras personas.

Así como no puedes arreglar a otras personas, otras personas no pueden arreglarte a ti. Al final del día, tienes que tomar la responsabilidad de tus propias emociones y sentimientos y decidir qué vas a hacer con ellos. Ser capaz de separar tus sentimientos de los de los demás es beneficioso para superar esto y dejarlos ir. Eso requiere estar en sintonía con tu dolor y felicidad y ser dueño de lo que es tuyo.

Trabaja en tu Autoconfianza

Desde la escuela primaria te han dicho que lo que sientes por ti mismo tendrá un gran impacto en la forma de enfocar la vida. Cuanta más confianza tengas, más riesgos estarás dispuesto a tomar y menos te importará lo que piensen los demás. No tienen poder sobre ti porque sabes tu propio valor y de lo que eres capaz.

Muchos empáticos caen en la simpatía por las personas (este tema se trata más a fondo en el capítulo 10), lo que significa que necesitan la validación y el significado de las personas a las que están ayudando. No sienten que tienen ningún valor más allá de ayudar a los demás, así que asumen esta tarea hasta que están completamente agotados. Incluso cambiarán quiénes son para hacer felices a otras personas sólo para que puedan ser aceptados, amados y validados.

Eres es el único que puede determinar tu valor. Cuando eres constantemente bombardeado con emociones y energía de otras personas y esto drena la tuya propia, es increíblemente fácil culpar de lo que sientes al mundo exterior. Es fácil ser absorbido por una mentalidad de "pobre de mí" y dejar que otros te digan quién eres o quién deberías ser.

También es fácil pensar que eres extraño o diferente debido a tu don, y otros se alimentarán de esto también. Cuando las personas no entienden algo, tienen la tendencia de mirarlo con desprecio y verlo negativamente. No tratarán de entenderte y pueden incluso evitarte y condenarte al ostracismo. Ten en cuenta que esto habla más de su personalidad que de la tuya. No dejes que su mezquindad determine cómo te sientes.

Recuerda que tienes un don increíble. Puede ser difícil a veces, pero lo que haces por otras personas puede cambiar la vida. Date la misma cortesía. Recuerda que eres capaz, fuerte y brillante, porque lo eres. Esto te dará la habilidad de manejar cualquier cosa que el mundo te arroje.

Meditar o Hacer Yoga

Practicar estas técnicas es una gran manera de aprender a despejar la mente y estar en sintonía con tu cuerpo. Pueden ayudarte a entender y enfocar tus energías. También te darán una forma de mantenerte con los pies en la tierra y en el momento. Tomarse el tiempo para hacer esto todos los días es una gran manera de ponerte en contacto contigo mismo y explorar quién eres.

Cuando se trata de yoga, esta puede ser una gran manera de aprender más acerca de tus chakras y la energía alineada con ellos. Algunos creen que, si tus chakras están desincronizados, esto tendrá repercusiones en todo tu cuerpo. Como estás tan en sintonía y eres tan capaz de absorber otras energías, esta puede ser una manera de averiguar cómo trabajar con ellos y llevarlos a la armonía.

La meditación puede ayudar con esto y tener algún conocimiento de ello es beneficioso. Además, hacer algo de ejercicio al ir a una clase de yoga también es bueno para la mente y el cuerpo y ayudará a aliviar el estrés. Reunir estos elementos puede ser una gran manera de ayudarte a sanar como empático.

Crear un Espacio Sagrado

Tener un espacio que llames tuyo donde puedas retirarte del mundo puede ayudarte a sanar. Dónde está esto y qué haces mientras estás en el espacio dependerá de las preferencias personales. Tal vez sea tu dormitorio o tu bañera. Tal vez tengas un lugar en un solario o en un vestidor. No importa dónde esté, asegúrate de que siga siendo sagrado. No dejes que el mundo exterior entre.

Mientras estés en tu espacio sagrado, puedes elegir lo que haces con tu tiempo. Tal vez quieras meditar o hacer algo de yoga, o tal vez sólo quieras acurrucarte con un buen libro o escuchar música. El tiempo que pases en ese espacio dependerá de cuánto tiempo necesites para recargarte. Si tienes una familia con niños que necesitan ser cuidados, es posible que no seas capaz de pasar tanto tiempo en el espacio como te gustaría.

Sin embargo, es importante que cuando estés en tu espacio sagrado, estés completamente presente. Ya sea que estés allí por 5 minutos o 2 horas, no dejes que nadie invada tu tiempo. Y no te sientas culpable por necesitar tu tiempo. Necesitas tiempo lejos de la gente para recargarte. Cuanto mejor te sientas y estés más sano, mejor podrás cuidar y ayudar a los demás.

No Puedes Enfrentarte al Mundo

Debido a tu naturaleza amable y cariñosa, a menudo sientes que es tu responsabilidad cuidar del mundo. Quieres hacerlo. Pero necesitas tener en cuenta que aún eres un humano con limitaciones y que no puedes arreglar a todos. Además, no todo el mundo quiere ser arreglado. Haz lo que puedas, pero recuerda que también tienes que cuidarte a ti mismo.

Puede parecer extraño necesitar sanarte a ti mismo cuando tu don te permite sanar a otros, pero no eres inmune a las emociones y a los días malos. Por cierto, se te permite tenerlos. Cuando aparecen, reconócelas, procésalas y luego déjalas ir. La sanación no siempre es fácil, pero es necesaria. Como nadie más puede sanarte, es importante que aprendas a hacerlo por ti mismo.

Resumen del Capítulo

- Absorber la energía del mundo puede ser agotador, así que tendrás que aprender a autosanarte.

- No puedes arreglar a otras personas, y ellos no pueden arreglarte a ti.
- Manteniéndote sano, te da la oportunidad de estar ahí para los demás.

En el próximo capítulo, aprenderás sobre tu crecimiento como empático.

Capítulo Seis: El Despertar del Empático: Las 3 fases de tu viaje de crecimiento empático. Cómo leer y usar la energía.

La mayoría de los empáticos no vienen a este mundo conscientes de que son empáticos. Pueden darse cuenta de que hay algo diferente en ellos, pero no siempre tienen las palabras para explicar lo que es o lo que sienten. Cuando eres joven, esto puede hacer que sea un desafío y un problema interactuar con tus compañeros. Una vez más, no quieres que te señalen, así que encuentras una forma de actuar "normal". Si tus habilidades son aceptadas, entonces es probable que te pongas más en sintonía con ellas.

A veces, son aceptadas. Es posible que te encuentres con familiares o amigos que tienen las mismas habilidades que tú y que te animan y explican lo que está pasando. Si esto sucede a una edad temprana, puede ayudar a moldear la forma en que interactúas con los demás y te coloca en un recorrido de vida específico. Aunque ocurra más tarde en la vida, puede ser una experiencia iluminadora.

Cuando descubres que eres un empático variará para cada persona. La mayoría de las veces, sucede por accidente. O bien tropezarás con tus habilidades y destrezas mientras lees algo o alguien te las señala. Es posible que seas joven cuando esto ocurra o que ya seas adulto. No importa cuándo lo descubras, hay tres etapas que pasarás en tu viaje empático

Antes de llegar a cada etapa, es importante tener en cuenta que no están en un orden jerárquico. No hay que pasar por una para llegar a otra y no hay que alcanzar un cierto nivel para ser considerado un "verdadero" empático. No importa en qué etapa te encuentres, aprópiate de ello. También es importante permanecer donde te sientes cómodo, así que, si te gusta más una etapa que otra, está bien quedarse allí.

También es importante darse cuenta, como se mencionó antes, que todo el mundo tiene la capacidad de ser un empático. Algunos de nosotros somos más conscientes de nuestras habilidades, pero todos tienen la misma oportunidad de desarrollar y perfeccionar sus habilidades. Sin embargo, si deciden que no quieren hacerlo, es su elección. Al igual que es tu elección sumergirte más profundamente en este don.

Con esto fuera del camino, vamos a discutir las tres fases de tu viaje empático.

Concientización

Como estoy segura de que puedes imaginar, la primera etapa del viaje es tomar conciencia de tus habilidades. Una vez más, esto es algo que puede suceder temprano o más tarde en la vida y puede venir en muchas formas. No importa cuándo suceda, puede sentirse como una luz que se enciende y todo lo que has experimentado hasta ese momento de repente tiene sentido. Es entonces cuando sientes que estás experimentando un despertar porque finalmente tienes la capacidad de explicar lo que has estado sintiendo.

Mi despertar ocurrió cuando estaba tratando de entender mi ansiedad. Había tenido un año increíblemente difícil, con ataques de pánico y preocupación que apoderándose de mi vida. Apenas podía pasar un día sin sentir un incómodo hormigueo en el estómago o sin marearme y caer en el pánico. Estaba buscando maneras de enfrentar esto cuando encontré un artículo que hablaba de empatía e hipersensibilidad.

De repente, todo se aclaró. Me sentí como si estuviera sentada en una habitación oscura con mi ansiedad y mis sentimientos, pero después de leer ese artículo, la habitación se iluminó de repente. Me di cuenta de que muchos de mis problemas no eran en realidad *mis* problemas, sino emociones que estaba absorbiendo de otros. Una vez que tuve este conocimiento, lo llevé al siguiente nivel y comencé a leer y a explorar todo lo que pude acerca de ser una empática. De repente, sentí que todo en mi vida tenía sentido.

Empoderamiento

Una vez que hayas tenido tu despertar y seas consciente de que eres un empático, si estás listo, puedes dar el siguiente paso en el viaje hacia el empoderamiento. Algunas personas, después de descubrir sus habilidades o incluso antes, pueden intentar bloquear lo que sienten. Puede ser abrumador y difícil absorber tantas emociones, y sin saber qué hacer con ellas, una persona puede sentirse atrapada, indefensa y agotada.

Después de tener un despertar y comprender mejor lo que puedes hacer, la fase de empoderamiento te permite poner en práctica tus habilidades. Aquí es donde "jugarás" con tus habilidades y verás lo que eres realmente capaz de hacer. Puede que descubras que te abres a diferentes emociones sólo para ver cómo se sienten. O puede que pases días apagándolo, para ver cómo te hace sentir.

La mejor parte de esta etapa es ser capaz de tomar el control de tus habilidades de empatía. Una vez que eres consciente de que las tienes y de lo que eres capaz de hacer, no tienes que intentar esconderte de ellas o dejarlas fuera. Puedes ser abierto y experimental y ponerte a ti mismo ahí fuera para ver lo que eres capaz de hacer para determinar cómo quieres usar esta asombrosa habilidad.

Totalidad

Esta fase de tu viaje de empatía tomará tus habilidades y las hará parte de tu vida. No necesitas identificarte o definirte por lo que puedes hacer, pero eres consciente de lo que eres capaz de hacer. Irás más allá de "jugar" y dejarás que las cosas sean como son.

Cuando estés en la etapa de empoderamiento, es posible que pases mucho tiempo asumiendo las emociones de otras personas y ofreciéndoles tu guía y consejo. Parte de esto es porque quieres ayudarlos, pero la otra parte es para validar que tus habilidades son correctas y que realmente puedes leer a las personas.

Cuando alcances la etapa de totalidad, ya no necesitarás hacer esto. Tendrás confianza en tus habilidades y sólo las usarás cuando lo necesites. Ya no te ofrecerás a ayudar a los demás, sino que esperarás a que te lo pidan, y entonces ofrecerás orientación.

Recuerda, los demás pueden sentir que tienes esta habilidad y capacidad, y hay ciertos tipos de personas que se sentirán naturalmente atraídas por ti. Cuando te des cuenta de quién eres, estarás más que dispuesto a ofrecer ayuda. Cuando pases a la fase de totalidad, te darás cuenta de que no todos pueden ser salvados y que no puedes asumir los problemas de todos. Cuando estés completo, aceptarás tus habilidades por lo que son, las incorporarás a tu vida, y dejarás que sean lo que serán.

Toma Tu Propio Camino

Cada empático estará en una fase diferente de su vida. Algunos empáticos aún no han alcanzado la fase de concientización. Esto no es una competencia, así que comparar tu situación con la de los demás no es beneficioso. De hecho, probablemente acabará volviéndote loco.

En el capítulo dos, hablamos de los diferentes tipos de empáticos que existen en este mundo. Si eres un empático emocional y tratas de compararte con un empático animal, ya te has preparado para el fracaso. No intentes ser como otro empático, sé quién eres y concéntrate en crecer y expandir tus habilidades.

De nuevo, también quieres estar en un lugar del proceso que se sienta más cómodo para ti. Si eso significa que quieres estar en la etapa de empoderamiento, entonces quédate ahí. Esa es tu elección. Si quieres permanecer en la fase concientización y no seguir adelante, de nuevo, esa es tu elección. Tienes que hacer lo que es mejor para ti y lo que te hace feliz, y eso significa ser capaz de elegir tu fase de empatía.

Lectura de la Energía

A lo largo de todo este libro, hemos estado hablando de cómo los empáticos leen o absorben la energía o las emociones. Como todo lo demás, esto es algo que se experimenta de forma diferente en cada individuo. Puedes asumir el dolor de otra persona teniendo una sensación abrumadora de tristeza y no saber por qué, o puedes sentir dolor físico y no darte cuenta de por qué.

Fue mencionado antes que algunos empáticos describen el ser capaces de ver el aura de las personas, lo cual es la energía de la persona o los sentimientos que existen a su alrededor. Los humanos dejan escapar bajos niveles de energía, y el aura es esa energía. Dependiendo de tus creencias, la forma de ver e interpretar esos colores y energías variará.

Por supuesto, estas no son las únicas maneras en que los empáticos leen la energía. Dependerá del tipo de empatía que sean y de dónde obtengan esta energía. Algunos empáticos dicen que la información viene de la dimensión espiritual o de la cuarta dimensión. Si describen su empatía como telepática, puede que estén aprovechando inconscientemente (o quizás conscientemente, dependiendo de si son conscientes de sus habilidades) los pensamientos de una persona. Para otros, dicen que tienen la capacidad de ver realmente los demonios de una persona.

También puede haber casos en los que el empático no es consciente de sus habilidades, pero otros lo sienten en ellos y están más que dispuestos a abrirse y compartir lo que está pasando en sus vidas. Los empáticos suelen ser personas amables y bondadosas con las que es fácil hablar y acercarse. Esto puede ser la razón por la que encuentras al extraño en el autobús o al niño en el patio de recreo contándote la historia de su vida. Se sienten cómodos abriéndose a ti y compartiendo. Puede que no tengas que leer su energía en absoluto porque ellos pueden leer la tuya.

Cada persona tiene la capacidad de ser empática, pero sólo unos pocos seguirán el camino y harán el viaje para ayudar a los demás. No hay nada malo en esto, y cada uno tiene su propio lugar en este mundo. No juzgues a los demás por no tomar el mismo camino que tú. Puedes recomendarlo y preguntarles si quieren abrirse a esta habilidad, pero no los obligues. Es tanto una bendición como una maldición, y sólo el más fuerte de nosotros puede asumir la carga.

Uso y Manejo de la Energía

Sólo porque tengas la habilidad de sentir y absorber la energía de otras personas, no significa que debas hacerlo. Claro, puede haber momentos en los que es involuntario y no tienes elección, pero una vez que te das cuenta de tus habilidades, eso no significa que tengas que enfrentarte al mundo. Esto puede ser increíblemente agotador e inoportuno, tanto para ti como para la gente a la que intentas ayudar.

Hay muchos consejos que dicen que necesitas protegerte de la energía del mundo, y esto puede ser cierto en algunos casos, pero también puede ser agotador. Se necesita mucho esfuerzo para bloquear la energía. La clave está en formar límites saludables, así como en absorber, procesar y luego dejar que la energía se vaya.

No olvides que además de ser capaz de absorber la energía, también la dejas salir al mundo. Si te sientes negativo o deprimido, la colocas ahí para que otros la sientan y la absorban. Aunque tienes derecho a tus sentimientos y no puedes ser feliz todo el tiempo, reconoce que lo mismo es cierto para los demás. No tienes que asumir sus emociones y ellos no tienen que asumir las tuyas. Sólo porque estén ahí fuera, no es tu trabajo arreglarlos para otras personas y no es el trabajo de otra persona arreglarte a ti.

Tú También Puedes Ser Manipulador

No pienses que sólo porque eres un empático estás por encima del resto de la humanidad. Sigues siendo humano, y experimentarás una amplia gama de problemas y emociones. Mientras que tu principal objetivo puede ser ayudar a otros y guiarlos para que se sientan mejor, lo contrario también puede ser cierto. Si te sientes herido o molesto y sientes que los demás no te están ayudando de la manera que quieres o necesitas, tienes la capacidad de usar sus emociones y energía en su contra. Probablemente seas muy consciente de lo que les hará daño, y puede que haya momentos en los que te sientas tentado a arremeter contra ellos.

Nadie espera que seas una piedra o perfecto. Puedes tener tus emociones y estar ahí para los demás, pero ten en cuenta que leer la energía de la gente viene con responsabilidad. Dependiendo de cómo la uses, tienes la oportunidad de ser visto como un héroe o un villano. Tus intenciones pueden ser las de ser un héroe, pero la otra persona puede verte como el malo.

Usa Tu Poder Sabiamente

Saber cómo y cuándo usar su poder de empatía puede ser un desafío. También puede ser agotador tratar de arreglar los problemas de otras personas. Concentrarte en ti y siendo consciente de lo que necesitas para estar sano y feliz, te ayudará a guiarte en tu viaje de empatía. Si no está seguro de si una persona quiere tu ayuda, ten en cuenta que siempre puedes preguntar. Hacer suposiciones es lo que te meterá en problemas.

Ser un empático es tanto una bendición como una maldición, y dependiendo del día, puede que experimentes un extremo del espectro sobre el otro. Lo importante es recordar que es un espectro, por lo que es posible encontrar terreno neutral. Esto variará de una empático a otro y conocerte a ti mismo y tus habilidades es la mejor manera de encontrar este punto medio.

Resumen del Capítulo

- Volverte consciente de que eres un empático es a menudo una experiencia iluminadora.
- Tú decides dónde te sientes cómodo en el proceso de empatía.
- Todo el mundo experimentará este proceso de forma diferente.

En el siguiente capítulo, aprenderás sobre la sanación energética.

Capítulo Siete: ¿Qué es la sanación energética y es peligrosa? ¿Eres un sanador empático?

El universo entero está hecho de energía. Así es todo fue formado. Como humanos, no somos diferentes. Nuestros cuerpos están llenos de energía. Esto es lo que los empáticos suelen captar, así como el estado emocional de otra persona. Muchos creen que, para estar sanos mental, física y emocionalmente, la energía tiene que ser sanada.

¿Qué es la Sanación energética?

Mientras que la noción de sanación energética sólo se ha puesto en práctica en Occidente recientemente, ha existido durante miles de años. Muchas civilizaciones antiguas, incluyendo las de Egipto, India, América, China y Japón, practicaban esta forma de sanación cuando la enfermedad se apoderaba de ellas.

La creencia es que la gente se enferma cuando la energía del cuerpo se bloquea o se desequilibra. Por lo tanto, si se puede liberar o realinear y permite que fluya por el cuerpo una vez más, la persona estará en equilibrio y se sentirá mejor. Se cree que una persona puede sanarse a sí misma con la energía, o puede visitar a alguien que tenga la formación y el conocimiento avanzado de la práctica.

Estas técnicas y prácticas estuvieron alguna vez al margen de la medicina y a menudo se las denomina pseudocientíficas, pero los científicos están cambiando ahora su percepción sobre la sanación energética y se están realizando más estudios para comprender la energía y el cuerpo, así como los principios y técnicas usados en la sanación energética.

Diferentes Tipos de Métodos de Sanación energética

Hay muchos tipos de métodos de sanación energética que se utilizan hoy en día, y el objetivo es conseguir que el cuerpo vuelva a estar en equilibrio para que pueda estar sano.

Acupuntura

Sin duda has oído hablar de la acupuntura. Es la práctica de colocar agujas en la piel en ciertos puntos del cuerpo para estimular el flujo de energía. En la medicina china, las autopistas de la energía en el cuerpo se denominan meridianos. Se cree que al apuntar estos meridianos con agujas y liberar el flujo de energía, la persona puede ser aliviada de dolores crónicos y otras dolencias.

La práctica de la acupuntura existe desde hace mucho tiempo, pero está encontrando su camino en la medicina general. En algunos lugares, es parte de los tratamientos de fisioterapia para personas que sufren lesiones. Estos tratamientos varían de la acupuntura tradicional porque no pretenden dirigirse a los meridianos. Las agujas se insertan en músculos específicos para crear una respuesta de contracción, activando el músculo y permitiendo que la sangre fluya en el área para mejorar la sanación.

Una respuesta de contracción no es más que una señal eléctrica enviada desde el cerebro de una persona a su músculo diciéndole que se mueva. El pensamiento es que de alguna manera la señal se ha bloqueado, por lo que la aguja abrirá el canal de comunicación y hará que los músculos trabajen como deben. Este concepto no es diferente al de la acupuntura tradicional. Aunque hay una ligera diferencia en la forma en que son descritas estas técnicas, el objetivo es el mismo. Las agujas se utilizan para liberar alguna parte del cuerpo, ya sea energía bloqueada o un músculo tenso, para que la persona pueda sentirse mejor y sanar.

Reiki

Para las personas que practican Reiki, usarán sus manos para canalizar la energía del universo para sanar el cuerpo de una persona. Esto es como un masaje, pero el paciente está completamente vestido y el practicante puede o no colocar sus manos directamente sobre el cuerpo. En algunos casos, sus manos se ciernen sobre el área afectada.

El conocimiento de esta práctica se transmite de un profesor a un estudiante. Sin embargo, algunos colegios y universidades de los Estados Unidos ofrecen ahora esta práctica en ciertas clases y programas de estudio. Para aquellos que han experimentado esta técnica, dicen que el área donde se dirige la energía se calentará o se sentirá como si estuviera vibrando.

La práctica fue desarrollada por primera vez en Japón en el siglo XX por Mikao Usui. Fue basada en los cinco principios de Meiji, el emperador de Japón. Estos incluyen:

- No te enfades
- No te preocupes
- Agradece
- Trabaje diligentemente
- Sé amable con los demás

La práctica del Reiki fue desarrollada como una forma de que la gente sea consciente de su salud. Es tanto una técnica de autosanación como una que puede ser aplicada por un maestro. Una vez más, el objetivo es transferir, equilibrar y realinear la energía de un paciente para ayudarle a sanar.

Qigong

Esta práctica proviene de China, y es una práctica de autosanación utilizada por los individuos para ayudarles a recuperar el equilibrio de su energía. Mientras que esta práctica es individual, puede hacerse en un entorno de grupo. Es similar al Tai Chi y al yoga. El objetivo es cultivar la fuerza de la vida a través de diferentes posturas corporales, la meditación y la respiración. Esta técnica también puede desarrollar la fuerza muscular, la agilidad y el equilibrio. Por lo tanto, se utiliza como una práctica fundamental para muchas artes marciales.

Al igual que la acupuntura, esta práctica se dirige a los meridianos y abre el flujo de energía. Las personas que se inician en esta práctica a menudo buscan formas de desarrollar un nivel más alto de conciencia, encontrar un propósito más elevado en la vida y reducir la ansiedad. A menudo se utiliza en la medicina deportiva, así como para sanar a los ancianos, ya que los movimientos son lentos y controlados. El Qigong puede ayudar a un paciente a desarrollar la estabilidad y a la vez aliviar la tensión.

Reflexología

Esta práctica también proviene de China y se enfoca en el equilibrio del flujo de energía, pero las áreas objetivo de esta técnica son los pies, las manos y las orejas. Se cree que diferentes lugares en nuestras manos y pies conectan directamente los meridianos con diferentes órganos y sistemas en todo el cuerpo. Si estos pueden ser desintoxicados e influenciados positivamente, el paciente verá una mejora en su salud.

El masaje se utiliza para liberar la energía bloqueada. Esto se logra a través de la estimulación, el fomento del flujo linfático y la relajación muscular. También se afirma que la reflexología puede eliminar las toxinas del cuerpo, aumentar la circulación, equilibrar la energía y estimular el sistema inmunológico. Los efectos inmediatos y notorios del masaje de pies, como la sensación de caminar sobre el aire, son fugaces, pero los efectos internos de esta práctica podrían tener un impacto duradero.

Sanación de Chakras

En la India, los chakras se consideran centros de energía primaria. Hay siete chakras en nuestros cuerpos cerca de las glándulas endocrinas clave y áreas específicas de nuestro sistema nervioso. En cierto modo, son como los meridianos chinos, ya que forman un camino desde la base de nuestra columna vertebral hasta la parte superior de nuestras cabezas. Cuando funcionan correctamente, se permite que la energía fluya de forma constante por todo el cuerpo.

Los siete chakras incluyen:

1. Chakra Raíz, Muladhara - ubicado en la base de la espina dorsal en la rabadilla

2. Chakra Sacro, Swadhisthana - ubicado 2 pulgadas debajo del ombligo.

3. Chakra del Plexo Solar, Manipuraka - ubicado a 3 pulgadas por encima del ombligo

4. Chakra del Corazón, Anahata - ubicado en el corazón

5. Chakra de la garganta, Vishuddhi - ubicado en la garganta

6. Tercer ojo, Sahasrara - ubicado en el centro de la frente o en el medio de las cejas

7. Chakra de la Corona, Brahmarandra - ubicado en la parte superior de la cabeza

Se cree que los chakras tienen la capacidad de abrirse y cerrarse, permitiendo el flujo de energía hacia adentro y afuera. Si hay energía negativa, tristeza o ira alrededor, los chakras se cerrarán. Para abrir los chakras a la energía positiva y buena, una persona necesita meditar y usar ciertas técnicas de respiración. Esto puede ayudar a volver a alinearlos si se desequilibran.

Sanación con Cristales

Cuando se trata de la sanación energética, los cristales son probablemente lo primero que viene a la mente de la mayoría de la gente. Muchos tienen una asociación negativa con ella, ya que a menudo se ve como algo en lo que sólo participan los hippies locos. Definitivamente tiene la vibración de la pseudociencia.

Mientras que aquellos que se dedican a la práctica de la sanación con cristales atestiguan que tiene un poder impresionante, se necesita más investigación para establecer si funciona y cómo. Lo que la ciencia ha encontrado cuando se trata de muchas personas y cristales, es el poder del efecto placebo. El efecto placebo describe un fenómeno de los estudios médicos. A la gente se le da algo, normalmente una píldora benigna, y se le dice que sanará sus dolencias. En algunos pacientes, debido al poder de su mente, tiene el mismo efecto que tendría la droga real.

Los científicos han encontrado el mismo efecto cuando a los pacientes se les dan cristales. El poder de la mente de la persona les permite creer que están recibiendo un poder curativo, para que se sientan mejor. El efecto placebo es algo real, y la gente puede sanarse a sí misma o sentirse mejor sólo a través de un pensamiento positivo.

Sin embargo, los que practican la sanación con cristales, dicen que es importante entender que los cristales, como todo lo demás en el universo, tienen energía y llevan una vibración específica. Los practicantes creen que el color del cristal te permite saber qué tipo de poder contiene. Estos generalmente corresponden a los chakras.

Tienes la opción de usar la sanación con cristales en ti mismo o acudir a un practicante para que te ayude con el tratamiento. En la mayoría de los casos, dependiendo de tu dolencia, se colocarán piedras en tu cuerpo para extraer la energía negativa o las impurezas en tu cuerpo. También tienes la opción de llevar o usar amuletos para promover la sanación o los pensamientos positivos.

Sanación Cuántica

La noción de la física cuántica y el estudio de la energía en el universo condujo a la sanación energética en el mundo occidental. A medida que aprendemos más sobre la energía, el impacto que tiene y cómo es parte de todo, comprendemos cómo afecta a nuestros cuerpos. La práctica de la sanación cuántica se centra en el uso de la Energía de la Fuerza Vital del cuerpo para mejorar la salud de una persona. La técnica explora cómo las frecuencias impactan en el cuerpo y pueden dar a una persona la capacidad de enfocar, amplificar y dirigir la energía.

¿Alguna de Estas Técnicas de Sanación energética es Peligrosa?

Cuando se trata de nuevas técnicas y prácticas que prometen sanar tu cuerpo, espíritu y mente, la mayoría de la gente sospecha al instante. Lo ven como un "aceite de serpiente" o como una solución rápida a problemas que sólo la ciencia puede verdaderamente cuidar y corregir. Incluso pueden afirmar que estas prácticas son peligrosas y pueden causar daño.

En algunos casos, también se afirma que las técnicas sólo tratan los síntomas y no la causa real de la enfermedad. Suelen citar cosas como el cáncer o los tumores y afirman que éstos sólo pueden curarse con medicamentos, que a menudo son peligrosos y dañinos para el cuerpo. Esto puede ser cierto para algunas personas. Sin embargo, es importante señalar que el cerebro puede ser algo increíblemente poderoso, y con el tipo de pensamiento y las técnicas adecuadas, es posible que pueda hacer cosas que aún no hemos visto.

Si alguna vez has sufrido ansiedad o depresión, sabes cuánto poder tiene el cerebro sobre tu cuerpo. Si tienes un ataque de pánico, tu cerebro cree que estás en una situación que amenaza tu vida e inunda tu cuerpo con varios químicos. Tu ritmo cardíaco aumenta, tu respiración se acelera, se garganta se seca y empiezas a sudar. Incluso puedes marearte. Todo esto puede ocurrir cuando haces cola en el supermercado esperando para pagar tus artículos. Tu cerebro piensa que hay una amenaza, y tu cuerpo reacciona en consecuencia.

Cuando se trata de depresión, tu cerebro básicamente te cierra. Puedes tener el deseo de salir de la cama y ser productivo durante el día, pero tu cerebro no te da la energía que necesitas. También afecta a tu capacidad para comer, ya sea porque te hace desear cosas que no son buenas para ti o porque te quita el apetito por completo.

El punto es que tu cerebro puede hacerte las cosas miserables, y se siente como si tuvieras muy poco control. ¿Por qué no puedes hacer lo mismo para hacerte sentir mejor? Hay numerosos artículos y seminarios sobre el poder del pensamiento positivo, y hay relatos de primera mano sobre cómo la vida de las personas cambió cuando se centraron en lo positivo y alejaron lo negativo. Por lo tanto, si el cerebro tiene la capacidad de hacerte sentir terrible, también tiene la capacidad de hacerte sentir mejor.

Tu cerebro no es realmente nada más que una serie de impulsos eléctricos, y estos mensajes se envían a todo tu cuerpo. Si pudieras encontrar una forma de controlarlos o volver a alinearlos, es posible que puedas sanarte a ti mismo. La razón por la que la ciencia rechaza la idea o afirma que puede ser peligroso es porque todavía no tienen los estudios y los resultados de laboratorio para respaldarlo.

Eso no quiere decir que no haya riesgo en estas técnicas. Si decides que quieres probar alguno de estos tratamientos, debes asegurarte de que vas a alguien que ha tenido una amplia formación. Como con cualquier otra cosa en la vida, si vas a alguien que no ha sido educado o entrenado apropiadamente, la posibilidad de sufrir una lesión aumenta, eso sería como ir a un doctor en medicina que no terminó sus estudios.

¿Qué es un Empático Sanador?

Un empático sanador es una persona que tiene la capacidad de sentir el malestar físico de otra persona e incluso puede experimentarlo por sí mismo. Puede ser un problema crónico, una lesión reciente, o quizás su energía esté desequilibrada. Un sanador puede hacer que una persona se sienta mejor a través del tacto o de una de las otras técnicas de sanación mencionadas anteriormente.

Antes de seguir adelante, es importante reconocer que algunas personas ven una distinción entre un empático y un sanador espiritual. Creen que es posible ser uno u otro o incluso ambos. Sin embargo, sólo ser un empático no te convierte automáticamente en un sanador. Esto es algo que es único para ciertos individuos.

Se afirma que un sanador espiritual se convierte en un canal para el flujo de energía y luz curativa. Un sanador es a menudo un empático, pero puede que no siempre lo sea. Se cree que los sanadores comparten muchos de los mismos rasgos que los empáticos, pero también tienen algunos únicos. Estos se enumeran a continuación.

- Altamente sensible a la energía
- Sentir las emociones de los demás como propias
- Sentir las dolencias o problemas de los demás como propios
- Intuitivo, puede leer fácilmente a los demás
- El gran pensador y a menudo piensa en tonos de gris en lugar de blanco y negro
- Puede tener brotes de depresión existencial
- Se ha sentido o ha sido un paria
- Piensa de forma diferente a los demás
- Fácilmente abrumado en las multitudes y se sentirá agotado cuando esté cerca de la gente por mucho tiempo
- Lucha con pánico y ansiedad
- Pacificador natural
- La gente se dirige a ti en tiempos de necesidad y puede esperar que lidies con su carga emocional
- Puede tener problemas digestivos, dolor de espalda baja, o mantener peso alrededor del estómago
- Los animales y los niños se sienten atraídos por ti

- Hay una historia de sanadores en tu familia, incluyendo enfermeras, doctores, masajistas, fisioterapeutas, etc.
- Podría tener dolor crónico o un trastorno autoinmune
- Sensible a las frecuencias electromagnéticas (EMF)
- Gran oyente
- Atraídos por las profesiones de la sanación y ayudar a otros a sentirse equilibrados y completos
- Capacidad de sentir y alterar la energía alrededor y dentro de su cuerpo
- Puedes haber tenido experiencias místicas

Como la mayoría de los empáticos, como sanador, probablemente no viniste al mundo consciente de tus habilidades. Puede que hayas tropezado con tus dones mientras buscabas una respuesta a otra pregunta o que alguien lo haya mencionado de pasada. Puede que siempre hayas sido consciente de que disfrutas ayudando a los demás y puede que incluso hayas entrado en un campo que te permita hacerlo, pero puede que no hayas tenido tu despertar. Una vez que tengas tu despertar, puedes explorar los diversos caminos que te ayudarán a perfeccionar y aumentar tus habilidades basadas en las prácticas y técnicas que te interesan.

Encontrar la Energía Sanadora Adecuada

Si estás pensando en ir a un tratamiento de energía o en perfeccionar tus habilidades de sanación potenciales, podrías preguntarte cuál deberías elegir. A la hora de la verdad, tendrás que encontrar la que mejor se adapte a tus gustos personales. Si no te gusta que la gente te toque o que tengas que tocarlos, especialmente los pies, entonces la reflexología podría no ser la mejor opción. El Reiki también puede ser agresivo, a menos que puedas practicar la técnica sin tocar.

También es importante tener en cuenta que cuando pases algún tiempo en tu espacio sagrado (como se discutió en el último capítulo), puedes practicar algunas técnicas de autosanación. Recuerda que éstas incluyen el yoga y la meditación. Hay muchos recursos disponibles tanto en línea como en libros para ayudarte a encontrar la técnica y el camino correcto a seguir.

En muchos sentidos, el mundo sigue siendo un lugar misterioso. Aunque la ciencia ha encontrado las respuestas a muchas preguntas sobre el universo y nuestros cuerpos, todavía hay cosas que no pueden explicar o no entienden. La sanación energética ha existido durante miles de años, y la gente ha informado de resultados positivos de esta práctica. La ciencia está llegando a investigar más profundamente en estas técnicas, y pueden encontrar que hay algo en ellas.

Resumen del Capítulo

- Hay muchas técnicas de sanación energética que la gente usa para equilibrar y realinear la energía del cuerpo.
- La sanación energética está ganando popularidad en Occidente, y la ciencia la está viendo como algo más que una moda pasajera.
- Cualquier cosa puede ser peligrosa si no la hace un individuo entrenado.

En el próximo capítulo, aprenderás sobre el blindaje energético.

Capítulo Ocho: Protección Energética para Empáticos

Ser constantemente bombardeado por energía y emociones de otras personas se vuelve agotador, incluso si esas energías son positivas. Ser incapaz de distinguir tus sentimientos de los que te rodean puede llevarte a una sensación de pérdida, tanto de ti mismo como de control. Necesitas ser capaz de funcionar a diario, por lo que encontrar una forma de bloquear las energías y las emociones es la mejor manera de llevar a cabo esta tarea. Esto se conoce a menudo como protección.

Hay diferentes técnicas que puedes intentar para encontrar lo que funciona mejor para ti. Para averiguarlo, tendrás que probarlas. Puede que descubras que, dependiendo de la hora del día y de la situación en la que te encuentres, un método funciona mejor que otro. El objetivo de la protección es el autocuidado. Te permite dejar de absorber las emociones negativas y el estrés de los demás antes de que afecte a tu bienestar mental y tu salud física.

Estas técnicas funcionan reduciendo el estímulo a tu alrededor y permitiéndote centrarte en ti mismo. Cuando empiezas a sentirte agotado o abrumado, es una buena señal de que necesitas ponerte un poco de protección o encontrar otra manera de protegerte.

Por favor, ten en cuenta que estos métodos no provienen de la ciencia médica y pueden no funcionar para todos. Sin embargo, para algunos, la mente puede ser una herramienta increíblemente poderosa, y al utilizar las visualizaciones, esto les da el impulso de confianza que necesitan para protegerse y pasar el día. En algunos casos, como en la Meditación de Protección del Jaguar, puede ser útil extraer la fuerza y la energía de otra entidad para darte confianza y protección mientras enfrentas tu día.

Dado que se desconoce exactamente cómo los empáticos toman las energías del mundo, la ciencia aún tiene que crear una forma de protegerte de este ataque. Hasta que se les ocurra algo, estas técnicas pueden ser justo lo que necesitas para mantener tu energía y dejar de sentirte tan abrumado.

Visualización de Protección

La gente levanta muros, tanto físicos como metafóricos, por una buena razón: porque son buenos para mantener las cosas fuera. Si te sientes abrumado por la energía y las emociones, entonces levantar un muro o un escudo es una gran manera de protegerte.

Para levantar tu muro o escudo, tendrás que empezar por respirar larga y profundamente. Entonces querrás imaginar un escudo de luz blanca o rosa que rodee completamente tu cuerpo y se extienda unos pocos centímetros más allá. Nada puede atravesar este escudo, ni el estrés, ni los pensamientos o emociones tóxicas, ni las situaciones negativas. Las únicas cosas que este escudo permite entrar son la positividad, la luz y la felicidad. Puedes usar esto para sentirte centrado y experimentar alegría.

No importa dónde estés, si estás en una multitud, en el trabajo, en un autobús, o haciendo cola en la tienda, puedes usar este escudo para protegerte.

Establecer Límites

La noción de límites fue discutida anteriormente en el libro al hablar de vampiros energéticos, y es una buena técnica para ayudar cuando te sientes abrumado y bombardeado por la energía y las emociones, así que vamos a discutirlo de nuevo.

Uno de los lugares donde puedes sentirte abrumado es en el trabajo. Esto puede ser causado por la nueva tendencia de tener espacios de trabajo abiertos, que se cree que promueve la colaboración entre los compañeros de trabajo. También puede crear un ambiente de trabajo ruidoso y estresante, especialmente para los empáticos. Al no poder alejarse de la gente, estás constantemente expuesto a su energía y emociones.

La mejor manera de establecer límites en este entorno es poner barreras físicas. Si tienes la opción, esto podría incluir las paredes de los cubículos. Si las paredes de los cubículos no son una opción, entonces poner marcos de fotos o plantas en tu espacio de trabajo también puede crear una barrera física. También podrías considerar el uso de audífonos con anulación de ruido o audífonos para bloquear las conversaciones y otros sonidos. También se pueden utilizar cuando se viaja al trabajo en multitudes para reducir la incomodidad que sientes por la energía y las emociones de otras personas.

Esta es otra forma de protección, pero en lugar de visualizar una pared o un escudo, estás colocando uno físico. No tienes que hacer obvio que estás tratando de bloquear a los demás si no quieres, pero de nuevo, podrías hacerlo. Puedes elegir cómo tratar con la gente y tu espacio personal, así que incluso puedes decirle a la gente que no pueden cruzar una cierta línea cuando vienen a hablar contigo. Esto, por supuesto, se puede manejar con tacto para no molestar a tus compañeros de trabajo y hacer que la oficina sea un lugar más incómodo para estar. Sea cual sea tu decisión, es importante hacer lo necesario para mantenerte energizado y saludable.

De vez en cuando, puedes hacer un esfuerzo para tomar un descanso e ir a un área aislada y tranquila en el edificio o fuera de él. Esto puede funcionar de manera muy parecida a tu espacio sagrado, y puedes usar el tiempo para hacer algo de meditación y aclarar tu mente. Si no hay nada más, el silencio debería ayudarte a encontrar tu centro y permitirte enfocarte en algo positivo.

En casa, querrás asegurarte de que tienes un espacio sagrado. Una vez más, esta es un área donde puedes retirarte a que sea tranquilo y te permita alejarte de los demás. Necesitarás hacer saber a los miembros de tu familia que cuando estés en tu espacio sagrado, no debes ser molestado. No tienes que pasar horas allí (a menos que quieras), y si tienes niños pequeños, entonces poner un temporizador puede ser útil para recordarles que no pueden molestarte hasta que se acabe el tiempo. Para los niños más pequeños, también puedes explicarles que necesitas un tiempo fuera, ya que es un concepto que ellos podrían captar.

Meditación de Protección del Jaguar

Hay algunas circunstancias y experiencias que pueden hacer sentir que la negatividad viene hacia ti desde todas las direcciones y en formas que son demasiado para tu escudo. Cuando esto ocurra, puedes usar la técnica conocida como "Invocar el poder del jaguar".

Este poderoso y hermoso animal es un paciente y feroz guardián que puede mantener alejados a los tóxicos y la energía. La técnica funciona llevándote a un estado de calma y meditación. Entonces invocarás al espíritu del jaguar desde lo más profundo de tu corazón. Le pedirás que te proteja. Siente su presencia entrar en tu espacio y luego visualízala patrullando tu campo de energía y manteniendo a raya las fuerzas negativas y los intrusos.

Cuanto más puedas imaginar cómo se ve el jaguar y cómo se mueve, más poderosa será la protección. Si la energía negativa o la gente se acercan demasiado, imagina las poderosas patas de la criatura batiéndola o mostrando sus dientes y gruñendo para empujarlas hacia atrás. Sepan que cuando la necesiten, el jaguar estará allí. Agradécele eso y ten la seguridad de que puede mantener cualquier cosa alejada.

Comprender y Definir Tus Necesidades de Relación

Los humanos son criaturas sociales, lo que significa que necesitamos estar cerca de los demás para sentirnos conectados y aceptados. Esto es cierto incluso para los empáticos. Sin embargo, para evitar que te sientas abrumado y agotado, necesitas entender y definir lo que necesitas de una relación, y luego comunicarlo a las personas que te rodean.

Si necesitas ciertas cosas de tu pareja o familia, como un descanso de 10 minutos cuando llegas a casa del trabajo y cambias de modo carrera a modo familia, necesitas decirles esto. Luego debes asegurarte de que no te molesten durante este tiempo. Si quieres dormir solo o tener más sexo o lo que sea, entonces estas son todas las cosas que necesitas averiguar y comunicar a los que están más cerca de ti.

Se trata de necesidades increíblemente personales, por lo que es posible que tengas que dedicar un tiempo a pensar en tu vida y en lo que quieres. También tienes que darte cuenta de que los que te rodean no pueden proporcionártelas. Si eso sucede, tendrás que determinar si la persona debe permanecer en tu vida o si hay un compromiso que estés dispuesto a hacer.

Esto puede sonar duro e indiferente, pero en realidad es lo contrario. Tú también eres una persona, con necesidades y deseos propios, y deberías ser capaz de satisfacerlos para poder ser un individuo feliz y satisfecho. Si siempre estás dando a los demás, esto agota tu energía rápidamente. Si los que te rodean pueden ayudar o regresar de alguna manera, esto mantendrá tus niveles de energía donde deben estar para que puedas funcionar.

Prevenir la Sobrecarga de Empatía

A veces, no importa cuánto lo intentes, no puedes dejar de absorber toda la energía que te rodea. Cuando esto sucede, necesitas encontrar una forma de liberarla. Esto puede hacerse inhalando el aroma de la lavanda o pasando tiempo en la naturaleza. También querrás limitar la cantidad de tiempo que pasas con la gente; establece límites y límites de tiempo y cúmplelos. Aquí es cuando tu espacio sagrado se convertirá en el más importante. Hacer algo de meditación o yoga también puede ser beneficioso.

Métodos Alternativos

Para algunos empáticos, protegerse del mundo es tan agotador como absorber la energía y emociones. No es difícil ver por qué. Mantener y concentrarse en un escudo o incorporar el Método de Protección Jaguar requiere mucha atención. Afortunadamente, hay algunas alternativas que podrías considerar usar.

Al igual que las técnicas mencionadas anteriormente, puede que no funcionen para todo el mundo. De nuevo, el mejor curso de acción a tomar es probarlos y ver si funcionan para ti. También puedes descubrir que una funciona durante ciertas situaciones mientras que otra no. Lo más importante de todas las técnicas es usarlas cuando funcionan mejor para conservar tu energía.

Convertir el Escudo en un Filtro

A pesar del hecho de que el escudo es una construcción de tu mente, enfocar y mantener esta visualización puede ser difícil. Es como levantar muros físicos: el mantenimiento que implica reparar secciones que el mundo sigue derribando puede ser un comportamiento. En lugar de tener un escudo fuerte e impenetrable, el mejor plan podría ser tener un filtro. De esta manera, cuando las energías benignas o las emociones vienen hacia ti, no estás desperdiciando energía tratando de mantenerlas fuera. Puedes guardar tu fuerza para las cosas realmente desagradables que se te puedan presentar.

Lo bueno de este enfoque es que aún tienes cierta conciencia de lo que sucede a tu alrededor y no estás completamente aislado. Lo más probable es que no quieras estar aislado de los que te rodean. Si están siendo negativos, entonces puedes distanciarte. De lo contrario, permítete estar abierto y experimentar el mundo.

No hay nada malo en experimentar la energía de otras personas. Sólo tienes que saber cuándo has llegado a tu límite y detener el ataque antes de que te agote. La única manera de hacerlo es saber dónde están tus límites, y esto requerirá tomar la energía y averiguar lo que puedes manejar y lo que no. Cuando necesites bloquearlo, tienes las habilidades y técnicas para hacerlo.

Aprende Cómo Desconectar

Si llegas al punto en el que incluso mantener un filtro es un reto, entonces puede que quieras intentar desconectarte de las emociones. Esto no te hará una persona terrible o incapaz de estar ahí para los demás, pero te ahorrará algo de energía que te permitirá concentrarte en las cosas importantes.

Como se ha mencionado, los humanos son criaturas sociales, y a lo largo del día, tenemos mucho contacto con numerosos individuos. A veces, esas personas están cerca y son muy queridas por nuestros corazones, como nuestra familia y amigos. Otras veces, son extraños o conocidos que pasamos en la calle o en el trabajo. El objetivo con el desapego es averiguar qué energía y emociones valen la pena aferrarse y cuáles no.

Si te detienes en la tienda de camino al trabajo para tomar un café y la cajera, a la que nunca has conocido antes, está de mal humor, esto probablemente te acompañará durante la mayor parte del día. Asumirás su energía y la incorporarás como propia. ¿Por qué? No conoces a esta persona. No puedes arreglar sus problemas por ellos. Y puede que los veas o no los veas nunca más.

Ser capaz de desconectarte de las emociones y energías que importan te ahorrará mucha energía y estrés. Puede que no sea fácil, pero es algo que puedes aprender a hacer con el tiempo. Tendrás que reconocer que la energía era negativa y luego verla sin emoción como algo que está separado de ti.

Si ayuda, puedes pensar en la negatividad como un automóvil que pasa por la calle o una nube oscura en el cielo.

Estas cosas siempre estarán ahí, pero no tienes que perseguirlas. Puedes verlas pasar, y luego seguir con tu día, sin volver a pensar en el automóvil/nube/energía.

Por supuesto, habrá momentos en los que querrás confraternizar o asumir la energía o la emoción, y esa será tu elección. Tienes que decidir en cuáles vale la pena participar y en cuáles no. No hay una fórmula para hacer esto. Sin embargo, si te encuentras con que te estás agotando, puede que tengas que dar un paso atrás y reevaluar la situación para asegurarte de que estás haciendo lo mejor para ti y para la persona a la que intentas ayudar.

Encontrar una Manera de Dejar Fluir la Energía

Para algunos empáticos, dejar caer el escudo por completo y dejar que la energía fluya a través de ellos es la forma más efectiva de manejar varias situaciones. Para algunos, esto puede parecer una idea terrible y pueden sentirse abrumados y exhaustos sólo de pensarlo. Sin embargo, hay que recordar que cada empático es diferente y tiene diferentes formas de afrontarlo.

Además, para la mayoría de los empáticos, cuando se sienten abrumados y agotados por la energía bruta del mundo, es porque no la dejan fluir. A menudo la toman como propia y se aferran a los sentimientos, dándoles la vuelta e intentando comprenderlos. El objetivo de esta técnica es darse cuenta de que el sentimiento está ahí, reconocer que está separado de ti, y luego dejar que pase a través de ti.

En lugar de pensar en la energía como una nube o un automóvil, piensa en ella como un rayo de luz. Todo el mundo tiene estos rayos que emanan de ellos. A veces son brillantes y alegres, y otras veces son oscuros y amenazantes. El punto es que son translúcidos. No son cosas tangibles, por lo que pueden pasar a través de ti sin causar ningún daño. Si dejas que se atasquen y absorbes la luz, es cuando se te agota la energía y la fuerza.

Al igual que otros, tienes luz emanando de ti. Si ayuda, puedes imaginar esa luz de otras personas como un color separado. Mira como entra en ti, gira por un momento, y luego mira cómo se va. Incluso puedes imaginarte conscientemente disparándola desde la punta de tus dedos, conduciéndola hacia el suelo si es negativa o disparándola hacia el cielo si es positiva.

Recuerda Quién Eres

En el capítulo cinco, hablamos de la autosanación para empáticos. En muchos sentidos, eso también se puede aplicar aquí. Ser capaz de protegerse a sí mismo o al menos controlar el ataque de la energía y la emoción es necesario para tu bienestar. Cualquier técnica que decidas usar depende de ti, pero debes evitar ser drenado por otras personas. Además, es importante recordar quién eres.

Como empático, experimentas la energía del mundo que te rodea a un nivel profundo y personal. Esto puede ser algo hermoso y asombroso. Sin embargo, cuando intentas negarlo o levantar demasiados muros, puede ser tan agotador y debilitante como dejar que estas entidades te superen. No niegues quién eres y de qué eres capaz. Encuentra una manera de hacer que funcione en tu beneficio.

Sólo tú conoces tu cuerpo, tus habilidades y lo que puedes manejar. Usa este conocimiento para encontrar la mejor manera de cuidar de ti mismo. Si no estás sano, no puedes funcionar. Puedes ser capaz de sentir los problemas del mundo, pero no tienes que arreglarlos por ti mismo. Cuida de ti mismo. Tú lo vales.

Resumen del Capítulo

• Para preservar tu energía, necesitas encontrar una manera de protegerte de la energía negativa.

• Si te quedas sin energía, esto puede llevarte a la enfermedad y a la mala salud.

• Hay muchos métodos que puedes usar para protegerte de la energía negativa.

¿Estás disfrutando de este libro? ¡Por favor considera dejarlo como una reseña! (HAZ CLIC AQUÍ para dejar una reseña)

En el próximo capítulo, aprenderás sobre los empáticos y los narcisistas

Capítulo Nueve: ¿Por Qué los Empáticos y los Narcisistas se Atraen Entre Sí?

Cuando se habla de empáticos, parece imposible evitar mencionar también a los narcisistas. La relación entre estos dos tipos de personas está bien documentada y es bien conocida, y hay muchas discusiones al respecto. No voy a profundizar el tema en este libro porque he escrito otro libro específicamente sobre ese tema. Sin embargo, creo que es importante mencionarlo brevemente.

Si deseas continuar y explorar un libro entero enfocado en este tema que a muchos de nosotros nos afecta, por favor, consulta el libro complementario, "Atracción Tóxica", por mí misma, Kara Lawrence.

¿Qué es un Narcisista?

El término "narcisista" se usa mucho en nuestra sociedad, a menudo incorrectamente. Muchas veces, lo aplicamos a personas que se toman muchas libertades o hablan de sí mismas. Mientras que esto puede ser un signo de auto-absorción, el narcisismo es en realidad un trastorno reconocido por la comunidad médica. Se conoce como trastorno narcisista de la personalidad. Algunos rasgos que puede tener una persona con este trastorno son los siguientes:

- Un exagerado sentido de auto-importancia
- Sentido del derecho
- Requiere constante y excesiva admiración
- Creen que son y quieren ser reconocidos como superiores
- Fantasea con la belleza, el poder, la brillantez y el éxito de su pareja perfecta

Hay muchos otros rasgos asociados a este trastorno, pero estos dan una idea del tipo de persona con la que puedes tener que tratar como empático. Mientras que la persona que toma selfies y las publica en Internet podría ser en realidad un narcisista, también puede disfrutar de la atención. Las únicas personas que pueden diagnosticar a una persona con este trastorno son profesionales médicos capacitados.

Lo que hay que recordar con los narcisistas es que, aunque muestran un aire de confianza y grandiosidad, en realidad no lo sienten por dentro. Suelen tener una autoestima increíblemente baja y una visión negativa de sí mismos y de sus habilidades. Sin embargo, no quieren que el resto del mundo vea esto, así que se ponen una máscara y crean un falso yo.

Además, la mayoría de los narcisistas son incapaces de experimentar empatía. No pueden ponerse en el lugar de otra persona y experimentar sus emociones. Ellos ven a las personas como mercancías, sólo se ponen este mundo para servirles a ellos y a sus necesidades emocionales. Cuando una persona deja de atender sus necesidades y de hacerlos sentir especiales, los dejará y seguirá adelante.

Empáticos Atraídos hacia los Narcisistas y Viceversa

El narcisismo ocurre en un espectro. Por lo tanto, hay algunos narcisistas realmente malos en el mundo que tienen todos los rasgos negativos que definen a este tipo de persona, y hay algunos que no exhiben tantos rasgos. También pueden deslizarse hacia arriba y abajo del espectro dependiendo de las circunstancias.

Lo trágico de la mayoría de los narcisistas es que a menudo son individuos profundamente heridos que experimentaron algún tipo de trauma en su vida. Esto puede haber sido por el abuso de un niño. Su narcisismo también puede haber sido causado por la genética o problemas con las conexiones neurobiológicas en su cerebro. Cuando esto sucede, no tienen la capacidad de sentir emociones como los demás debido a la forma en que su cerebro está conectado.

Como empático, te darás cuenta de lo profundamente herido que está un narcisista. Sentirás sus emociones y su dolor, y querrás arreglarlos. Es lo que eres. Eres un individuo amable y cariñoso que quiere que la gente se sienta bien y sea más feliz. Esta persona que acaba de entrar en tu vida es un pájaro herido que necesita ser sanado.

Aunque una parte de ti debería sentir lástima y querer ayudar a un narcisista, también es importante darse cuenta de que no puedes ayudarlo. Mucho de lo que hacen es por elección. Puede que tengan un pasado trágico y algunos cables estropeados en su cerebro, pero aun así toman decisiones conscientes, y eligen explotarte y degradarte.

Una de las cosas que hacen que los narcisistas sean como son es que anhelan estar emocionalmente conectados a la gente. Quieren lo que tú tienes: la habilidad de sentir y percibir emociones. Pero al mismo tiempo, ser capaz de hacer esto los asusta. Nunca han estado en sintonía con sus emociones o pueden haber sido atrofiados o no se les permitió experimentar la emoción mientras crecían.

Te ven, un empático, como algo asombroso y a la vez aterrador. Quieren lo que tienes, pero no pueden lidiar con las emociones. Te ven tanto como un salvador como una amenaza. Estos binarios e incapacidades para hacer frente a cómo se sienten les hacen decidir que tienen que destruirte, o al menos manipularte para que te ocupes de ellos.

Ya que tienen miedo de sus emociones y eres tan bueno para lidiar con ellas, piensan que puedes tomar el control por ellos. Como puedes sentir y absorber las emociones, quieren que tomes las suyas y las arregles. Quieren que el mundo los adormezca, mientras que tú te encargas de todos los problemas que ellos experimentan.

Como empático, puedes pensar que puedes hacer esto. Recuerda que tendrás momentos en los que no podrás distinguir entre tus emociones y las de los demás, y los narcisistas están más que contentos de hacerte creer que las emociones que sientes son tuyas y que sólo tú puedes arreglarlas. Y lo intentarás. Intentarás arreglar sus dolencias porque creerás que te pertenecen.

El problema con este escenario es que no puedes arreglar a la otra persona. Sólo ellos pueden arreglarse a sí mismos, pero no quieren hacerlo. Y esto no les impide sentir. Esto lleva a grandes problemas y frustraciones e incluso puede aumentar la cantidad de abuso que recibes del narcisista.

Abuso de los Narcisistas

El abuso narcisista viene en muchas formas, y generalmente comienza de manera sutil. Son increíblemente buenos manipuladores, y saben hasta dónde empujarte antes de volver a jalarte con amor y admiración. Esto puede dejarte sintiéndote confundido y perdido. Eventualmente, puedes encontrar que dependes del narcisista para funcionar y encontrar validación.

Al igual que el narcisista, el abuso se experimentará en un espectro, desde el emocional al físico, pero es debilitante para el que lo recibe. El objetivo del narcisista es tenerte todo para él, con tus pensamientos, energía y emociones enfocados únicamente en ellos. Así es como se sienten mejor consigo mismos, y cada uno utiliza tácticas similares para lograr este objetivo.

Junto con las otras piezas que acompañan a este libro, también he escrito un libro entero que cubre las tácticas encubiertas de los narcisistas titulado, "Abuso Invisible" por mí misma. Si sientes que te gustaría tener más información sobre el abuso narcisista, por favor consulta este título también.

Reducirán tu Mundo

La gran mayoría de los narcisistas son posesivos y controladores. A menudo temen perder el control, y esto puede deberse a experiencias traumáticas en las que no tuvieron ningún control. Ahora, quieren controlar todo para no sentirse indefensos. Esto te incluye a ti. Por lo tanto, para mantener ese control, reducirán su mundo. Te aislarán de tus amigos y familiares. Se enojarán si quieres pasar tiempo con las personas que amas, o pueden tratar de hacerte sentir culpable y hacerte creer que los estás descuidando a ellos o a tus hijos si tienes algo con el narcisista.

Para evitar su enojo e ira, es más fácil para ti rechazar las invitaciones a pasar tiempo con otros para sólo hablar con ellos por teléfono o a través de mensajes cuando el narcisista no está cerca. Eres un marcapasos natural, así que asumirás la tarea y cambiarás tu comportamiento para hacer feliz a tu pareja. Sin embargo, no tendrás la misma cortesía, y ellos pasarán el rato o hablarán con amigos y familiares tan a menudo como quieran. Su mundo permanecerá tan grande como ellos lo consideren necesario.

Nada Es Nunca Su Culpa

A los narcisistas les cuesta aceptar la culpa. Piensan que su situación es siempre por culpa de otras personas o porque el mundo está en busca de ellos. Siempre harás algo que no les gusta. Cuando hagan algo que no te guste, te culparán por obligarlos a hacerlo. Si intentas señalar lo hiriente, manipulador y destructivo que es su comportamiento, te lo reprocharán. Dirán que te tomas las cosas demasiado a pecho o que eres demasiado sensible. A menudo, si tratas de señalar que están siendo abusivos, tendrán razones por las que *tú* eres el abusivo.

Como empático, te tomarás estas cosas de forma muy personal. Como no puedes distinguir entre tus sentimientos y los de ellos, comenzarás a cuestionarte si estás siendo demasiado sensible o no. Después de todo, *eres* una persona hipersensible, por lo que podrías pensar que lo estás llevando más allá de los límites normales. También podrías pensar que tu incapacidad para solucionar tus problemas se debe a tu ira o arrebatos emocionales, por lo que te preguntarás si tus acciones rozan el abuso.

Siempre Ganarán

Para los narcisistas, la vida es un juego, y el punto es conseguir que otros los admiren y validen. Pueden cambiar la forma en que logran este objetivo dependiendo de la gente que los rodea. La mayoría de la gente ni siquiera sabrá cómo actúan a puerta cerrada porque parecen tan amables y serviciales en público. Cuando intentas decirles algo diferente, parecerán como si estuvieras loco.

Este es un engaño consciente e intencional en el que participan los narcisistas. Cuanto más puedan manipular y controlar a las personas y su entorno, mejor se sentirán consigo mismos y cambiarán, doblarán y romperán las reglas para que siempre salgan como los buenos. No intentes usar sus tácticas en su contra porque cambiarán el juego y no funcionará.

El propósito de hacer esto es doble: el primero es que siempre puedan ganar en el juego percibido de la vida. El segundo es para mantenerte fuera de balance. Si constantemente tienes que cuestionarte y preguntarte qué va a pasar después o cómo van a cambiar las reglas, no puedes concentrarte en nada más. No puedes encontrar una manera de salir de la relación o encontrar maneras de cuidar de ti mismo. Te absorben y te obligan a jugar su retorcido y perjudicial juego.

Te Volverán Loco

La otra parte de mantenerte desequilibrado, además de ayudarles a ganar su juego, es volverte loco. Constantemente cuestionarás tus percepciones y emociones. Empezarás a dudar de ti mismo, y empezarás a creer que eres realmente defectuoso. La primera reacción a esto será tratar de arreglarlo, pero no puedes porque las reglas siempre están cambiando y no se te permite tener deseos, necesidades o emociones propias.

Hay muchas otras maneras que un narcisista encontrará para abusar de ti, incluyendo la búsqueda de venganza si los rechazas y tratando de hacerte volver para que te rechacen y te desechen. Esto es algo en lo que son realmente buenos, y han perfeccionado sus habilidades para desarmarte y atraerte. Puede que no te des cuenta de lo que ha pasado hasta años después. Para entonces, puede que descubras que has desarrollado comportamiento.

¿Qué Es Codependencia?

Codependencia, como el narcisismo, es otro término que a menudo se malinterpreta. Para muchos, piensan que un compañero codependiente es una persona increíblemente necesitada y que depende de la otra persona. Sin embargo, hay mucho más en este término que sólo la aferrición cotidiana que la mayoría de la gente imagina.

Si crees que estás afectado por la codependencia, puede que quieras mirar en mi otro libro que he dedicado enteramente al tema titulado, "¿Soy Codependiente?" por mí misma, Kara Lawrence. Cubriré brevemente la codependencia aquí y si deseas explorar más, por favor, consulta el libro complementario.

Las personas que están en relaciones de codependencia estructurarán toda su vida alrededor de asegurarse de que la otra persona sea cuidada o feliz. En esencia, una relación de codependencia es cuando una persona necesita a la otra, y esa persona necesita ser necesitada. El codependiente sacrificará su autoestima y su sentido de autovaloración para asegurarse de que su pareja esté bien cuidada, y esta pareja estará más que feliz de tomar todo lo que el otro esté dispuesto a dar. A menudo sin dar nada o muy poco a cambio.

Las relaciones de codependencia pueden ocurrir entre parejas románticas, compañeros de trabajo, miembros de la familia o amigos. En la mayoría de los casos, también incluyen abuso emocional o incluso físico. También es un comportamiento que puede aprenderse y transmitirse de una generación a otra.

Cuando se trata de empáticos y narcisistas, un narcisista necesita un empático que asuma su carga emocional para no tener que lidiar con sus propios pensamientos y sentimientos. Sin embargo, ellos no son los codependientes. Como empático, se te romperá y se te dirá que no puedes vivir sin el narcisista. Como con todo lo demás, esto ocurrirá sutil y encubiertamente. Pueden llegar a un punto en el que se sientan cómodos diciéndote que nadie más te quiere y que no vales nada, pero esto suele suceder una vez que te has involucrado profundamente en la relación.

Las otras tácticas que utilizan, como volverte loco, reducir tu mundo y tener cambios de humor impredecibles y a menudo aterradores, suelen ser suficientes para mantenerte a raya y asegurarte de que atiendes sus necesidades y sólo suyas. En algunos casos, incluso pueden usar la violencia física para asegurarse de que te enfocas únicamente en ellos. Para evitar que el barco se balancee o que el narcisista se moleste, te transformarás completamente y cambiarás tu vida para satisfacer las necesidades de la otra persona y hacerla feliz. Esto es a menudo a expensas de tu propia felicidad y salud.

Hay una diferencia entre la dependencia y codependencia. La dependencia se produce en una relación sana, donde dos personas dependen la una de la otra para el amor y apoyo. Hay un valor para ambas personas cuando están juntas. La codependencia es cuando una persona se siente inútil a menos que se le necesite y hará sacrificios por la otra persona que entonces obtiene satisfacción al tener todas sus necesidades cubiertas. Estas relaciones a menudo son valiosas sólo para una persona.

Síntomas de la Codependencia

Hay muchos síntomas que pueden indicar si una persona es codependiente. Algunos de ellos se enumeran a continuación.

- No pueden encontrar felicidad o satisfacción en la vida a menos que estén haciendo cosas por otra persona.
- A menudo permanecen en relaciones abusivas incluso cuando saben que las acciones de su pareja son hirientes.
- Harán cualquier cosa para hacer feliz a la otra persona, incluso si les cuesta la suya de alguna manera.
- Constantemente se sienten ansiosos por la relación y necesitan hacer feliz a la otra persona.
- Todo su tiempo y energía es dedicada a asegurarse de que su pareja obtenga todo lo que pide.
- Se sienten culpables si piensan en sus deseos y necesidades. A menudo, ser llamado "egoísta" es la peor cosa que una persona codependiente puede oír, y harán lo que puedan para demostrar que no lo son.
- Pueden ignorar sus propios valores, moral y conciencia para hacer feliz a la otra persona.

Evitar el Narcisista

Las relaciones entre los empáticos y los narcisistas han existido durante mucho tiempo, y es algo que continuará en el futuro, o al menos hasta que la humanidad pueda evolucionar hacia una sociedad más amable y solidaria. Ambos se necesitan mutuamente de diferentes maneras: el narcisista busca una forma de no tener que sentir, y el empático quiere arreglar el mundo. Siempre se buscarán el uno al otro.

Los narcisistas no cambiarán. Pueden alterar la personalidad que muestran a ciertas personas, pero debajo de su máscara, son la misma persona desordenada que quiere que los demás los validen y los llenen de elogios. Los empáticos son buenos para asumir la energía y las emociones, y un narcisista está más que feliz de descargar todos sus problemas en ellos.

Puede ser difícil evitar a los narcisistas porque son muy buenos manipulando a los demás. Como se ha mencionado, puede que no te des cuenta de que te han mentido hasta que no estés muy metido en la relación. Como empático, uno de tus talentos es que a menudo puedes leer a la gente y sentir cuando están mintiendo. Los narcisistas pueden ser buenos para dar la impresión de ser la víctima, pero si sientes que algo está mal o tu instinto te dice que te vayas, escúchalo. Lucha contra tu impulso natural de querer arreglar a la otra persona e irte.

En la mayoría de los casos, el narcisista no te perseguirá por mucho tiempo. Si no pueden conseguir lo que necesitan inmediatamente, buscarán otra víctima. Puede ser difícil una vez que has sido absorbido por una relación con un narcisista, pero no es imposible salir. Necesitarás un buen sistema de apoyo y límites bien definidos, pero eventualmente se cansarán y seguirán adelante.

Estar en una relación con un narcisista puede cambiarte de muchas maneras. Incluso puede hacerte desconfiar y tener recelo de otras personas. Puede que sientas el deseo de retirarte y alejar tus habilidades empáticas. Si necesitas hacer esto por un tiempo para sanarte, entonces este es un paso que debes dar. Pero no te cierres para siempre. Sólo porque algunas personas se aprovecharán de ti, no todos lo harán. Usa lo que aprendiste como una lección y descubre cómo ayudar a aquellos que son realmente dignos de tus dones.

Resumen del Capítulo

- Los empáticos y los narcisistas se atraen naturalmente unos a otros por lo que pueden proporcionar.

- Los narcisistas son realmente buenos manipuladores.
- Los narcisistas drenarán la energía de un empático y le dejarán cuestionándose su autoestima.

En el siguiente capítulo, aprenderás sobre algunas de las dificultades en las que pueden caer los empáticos.

Capítulo Diez: Algunas de las Dificultades de Ser un Empático

Ser un empático no te hace una persona buena o mala. Sólo te hace a ti, a ti. Tienes la capacidad de decidir qué camino quieres tomar y si quieres usar tus habilidades para el bien o no. La mayoría de los empáticos son personas increíblemente amables y cariñosas, por lo que a menudo toman el camino más fácil. Sin embargo, sigues siendo propenso a las emociones humanas normales, incluyendo la ira y los celos, por lo que puedes encontrarte cayendo en algunos lugares oscuros a veces.

Como empático, también hay otras trampas de las que puedes ser presa. Mientras que todo ser humano es capaz de ser un empático y sentir y absorber las energías y emociones de los demás, la gran mayoría de ellos no perfeccionan estas habilidades. Eso está bien. Es su elección. Al igual que es su elección llevar sus habilidades de empatía al siguiente nivel.

Sin embargo, cuando lo hagas, probablemente descubrirás que esta elección te hace diferente de la mayoría de la sociedad. Dado que probablemente ya eres más sensible, esto puede llevar a algunos problemas. El mayor de ellos es el deseo de encajar. Esto puede conducir a que te conviertas en un complaciente de la gente.

¿Qué es un Complaciente de la Gente?

A primera vista, parece que este término es bastante inofensivo. Después de todo, no hay nada de malo en querer hacer algo agradable por otra persona, ¿verdad? Puede ser divertido sorprender a tu mejor amigo con sus flores favoritas en su cumpleaños o cuidar a los hijos de tu hermana para que ella y su marido puedan tener una noche de cita. Todos estos son actos amables y generosos, pero no necesariamente te hacen más agradable a la gente.

Consideremos otro escenario. Digamos que estás caminando por el centro comercial, ocupándote de tus propios asuntos y mirando escaparates cuando alguien que tiene la cara en el teléfono sale de una tienda y va directo hacia ti. ¿Tienes el deseo de disculparte? ¿Aunque el escenario no haya sido tu culpa? Si lo haces, entonces puedes ser una persona complaciente.

Un complaciente de la gente es una persona que obtiene significado y validación de otras personas. Se esforzarán al máximo para hacer tareas que les permitan ser notados y alabados, a menudo hasta el punto de que ignorarán sus propias necesidades y pueden incluso comprometer sus valores y moral para encajar.

Diferencia Entre la Gente Agradable y Generosidad

Hay una gran diferencia entre ser generoso con otras personas y ser un complaciente de la gente. Cuando se es generoso, se hacen ciertos actos con el objetivo de que *ambas partes* compartan la felicidad y el placer del gesto. La mayoría de las veces, tienes una visión saludable de quién eres como persona y una autoestima bien equilibrada.

Si estás tratando de complacer a la gente, esto viene de un lugar de baja autoestima y la necesidad de que la otra persona te dé aprobación y validación. Estás haciendo la acción porque quieres que se fijen en ti y te alaben o te quieran. En esencia, te estás haciendo servil para que te aprueben.

Es posible que consigas lo que quieres de la otra persona. Ellos pueden notar tu acto, validar y aprobar lo que hiciste. Sin embargo, la mayoría de las veces, esperarán más. Como un complaciente de la gente, lo darás. También cambiarás quien eres para complacer a una gran variedad de personas y encajar con varias multitudes.

Empáticos y Gente Agradable

Los empáticos no son los únicos que pueden caer en la trampa complacer-gente. Cualquiera que sufra de una falta de autoestima o deseos de encajar en un cierto grupo puede ser afectado por esta condición. Sin embargo, los empáticos caen en este papel más a menudo debido a sus relaciones con personas tóxicas, incluyendo a los narcisistas. Debido a que tenemos una naturaleza amable y generosa, los demás nos romperán y nos moldearán para que sólo podamos servirles a ellos.

Cuando era niña, tuve una amiga que (mirando hacia atrás) tenía muchos rasgos narcisistas. Era increíblemente controladora, mezquina y constantemente me rompía con comentarios sobre cómo me veía y cómo nunca encontraría una amiga que fuera mejor que ella. También nos divertíamos, así que estar cerca de ella no siempre era desagradable.

Había conocido a esta amiga desde el jardín de infancia porque vivíamos en la misma calle. Cuando entramos en el instituto, esta amiga decidió que ya no quería salir conmigo y que había gente más genial con la que estar. Como yo tenía muy pocos amigos (me prohibía salir con otros o hacía difícil hablar con ellos), la idea de perderla era aterradora e insoportable. Para asegurarme de que no me olvidara, me esforcé en hacer cosas que la hicieran feliz.

Esto incluía ayudarla a hacer sus tareas (o simplemente hacerlas por ella mientras hablaba por teléfono), o salir con sus otros amigos (que no me gustaban) y estar de acuerdo con lo que dijeran (aunque yo estuviera). Al final, ella todavía terminó dejándome. Pero esta historia tiene un final feliz. Una vez que ella se fue, tuve la libertad de salir con otras personas y conocí a unos amigos increíbles con los que aún hoy hablo.

La mayoría de las veces, no sabemos que los demás nos están manipulando y rompiendo nuestro sentido de autoestima. Así, empezamos a creer que para encajar con *todos* los que nos rodean, tenemos que esforzarnos. Las mujeres son especialmente propensas a convertirse en complacientes debido a las presiones y valores de la sociedad. Siempre se espera que pongan las necesidades de los demás en primer lugar, especialmente las de su familia.

Como empático, cuando no eres capaz de distinguir entre tus emociones y las de otra persona, esta podría ser otra razón por la que sientes que necesitas hacer feliz a la gente. Eres un arreglador natural, y en tu mente, la mejor manera de arreglar las cosas es hacer las tareas que deben hacerse, ya sea que sean tuyas o no. También eres un pacificador natural, así que deshacerte de los conflictos y mantener a la gente feliz es lo que haces.

Además, como humanos, prosperamos en situaciones sociales. No queremos estar solos o marginados. Queremos pasar tiempo con la gente y divertirnos. Cuando los demás nos ven como diferentes o raros debido a nuestras habilidades, podemos decidir enmascararlas o actuar como otros lo hacen para que nos acepten.

Señales de Que Podrías Ser un Complaciente de la Gente

Puede ser difícil saber si las acciones que tomas para ser amable con los demás son generosas o complaciente de la gente. A continuación, algunas preguntas para ayudarte a determinar si eres complaciente de la gente o generoso.

1. ¿Finges estar de acuerdo con todos?

No hay nada malo en escuchar educadamente la opinión de otra persona. Es una buena habilidad social para tener. Sin embargo, si no estás de acuerdo con lo que dicen o va en contra de tus valores, pero les dices que tienen razón para gustarles, este es un rasgo de un complaciente de la gente.

2. ¿Te sientes responsable de cómo se sienten los demás?

Ser empático significa que a menudo quieres arreglar a otras personas y hacerlas sentir mejor. Sin embargo, si descubres que te sientes responsable de sus emociones y que tienes el poder de hacerles felices, esto podría ser un signo de complaciente de la gente. Puedes estar ahí para otra persona, pero ellos son en última instancia responsables de sus propias emociones.

3. ¿Con qué frecuencia te disculpas?

Si te disculpas cuando has hecho algo malo, y es apropiado, es una reacción normal y saludable. Sin embargo, si te disculpas constantemente y tienes miedo de que la gente siempre te culpe por las cosas, esto podría ser un signo de un problema mayor. Deberías disculparte si algo fue culpa tuya, pero no deberías disculparte por ser quien eres.

4. ¿Te sientes agobiado por las cosas que tienes que hacer?

Si eres un complaciente de la gente, la gran mayoría de tu día estará lleno de hacer cosas que otras personas quieren que hagas, o que *crees* que quieren que hagas. Tendrás muy poco tiempo para hacer las cosas que quieres hacer, y esto podría hacerte sentir como si estuvieras agobiado o estresado porque no hay suficiente tiempo en el día para hacer todo.

Ahora, ten en cuenta que esto no se aplica a todas las situaciones. Por ejemplo, hay tareas y cosas que *tienes* que hacer en el trabajo o en casa que tal vez no quieras hacer. Hacerlas no necesariamente te hace más complaciente de la gente. Lo que te haría ser más complaciente es que tu comportamiento te pida que hagas *su* trabajo y aceptes porque no quieres que se enfaden contigo o porque crees que les gustarás más.

5. ¿Te sientes incómodo si alguien se enfada contigo?

Aunque estés estresado y molesto porque tienes demasiadas cosas que hacer durante el día, seguirás haciéndolas porque no puedes soportar que alguien se enfade contigo. De hecho, lo más probable es que te esfuerces al máximo para intentar que vuelvan a estar contentos contigo, aunque eso signifique comprometer tus valores o tu moral.

6. ¿Puedes decir que no?

Si no puedes decir que no cuando alguien te pide que hagas algo, esto podría ser otra señal de que tienes tendencias de complaciente de la gente.

Empatía Fuera de Control

Además de ser un complaciente de la gente, como empático, tienes la capacidad de perder el control. Esto puede suceder por muchas razones, incluyendo el no saber cómo controlar la energía y las emociones a tu alrededor y el ejercer tus pensamientos y opiniones sobre los demás. Ambas cosas pueden ser perjudiciales para tu bienestar.

Antes de llegar a la etapa concientización de tus habilidades empáticas, puede que te sientas constantemente agotado. Puede que te sientas agotado tratando de arreglar los problemas del mundo y puede que no entiendas por qué te sientes así. Esto puede llevar a muchos problemas, incluyendo la atracción y la caída en las manipulaciones de personas tóxicas o el uso de sustancias para tratar o enmascarar sus sentimientos. Si también tienes tendencias de complaciente de la gente, puede que trabajes horas extras para agradar a los demás y para arreglar sus emociones.

La otra parte de ser un sanador fuera de control es saber de lo que eres capaz y usarlo para ayudar a otros, incluso si no quieren tu ayuda. Esto puede ocurrir durante la fase de empoderamiento. Aunque este es un buen momento para que experimentes y veas hasta dónde puedes llevar tus habilidades, forzarlas en otras personas o entrometerte en su espacio personal no es la mejor idea. Podría llevar a herir sentimientos (los tuyos y los de ellos) y a la pérdida de confianza y de amistades.

Ser capaz de captar las emociones de otra persona es realmente un don. Sin embargo, eso no significa que debas usar tus habilidades en cada situación. Sólo porque puedas leer su comportamiento y te des cuenta de que están pasando por un momento difícil, puede que no quieran hablar de ello, especialmente cuando están en el trabajo. Probablemente tampoco quieran tus consejos no solicitados sobre cómo deben vivir su vida.

Piénsalo de esta manera: estás en un lugar público, digamos una estación de tren o un aeropuerto, y estás con un conocido, alguien que conoces, pero con quien no eres súper cercano. Deciden que tienen que ir al baño, así que te piden que vigiles su equipaje. Estás más que feliz de hacerlo, y se levantan para irse. Mientras no están, te das cuenta de que su bolsa está abierta. Podrías escarbar fácilmente en su bolsa y descubrir cosas sobre esta persona que no conocías, pero probablemente no sea la mejor idea. Imagina cómo reaccionarán cuando vuelvan y te vean hacer esto.

Lo mismo se puede decir sobre el uso de sus habilidades empáticas para profundizar en la vida emocional de una persona. Aunque no siempre puedas controlar o impedir que leas o absorbas su energía, *sí* tienes la capacidad de mantener la boca cerrada y no decir nada. Puedes decidir hacer una declaración pasajera sobre la presencia de la otra persona si ésta necesita hablar (pero sólo si tú quieres), pero no vayas más allá. Si no te quieren en sus asuntos, debes mantenerte al margen.

¿Cómo te Afectan Éstas Dificultades?

Cuando te involucras en comportamientos empáticos de placer o fuera de control, no tengo dudas de que tus intenciones son buenas. Quieres usar tu habilidad para ayudar a otros y hacerlos sentir mejor cuando están pasando por un momento difícil. Es un gesto noble, pero debes asegurarte de que no actúas a expensas de tu salud mental, emocional y física.

Si te sientes constantemente agotado, estresado, ansioso o incluso deprimido, no te estás poniendo en primer lugar. Si los demás siempre te están pidiendo que hagas cosas y las haces sin cuestionarlas, pero luego te sientes resentido o agobiado por ellas, no te estás poniendo en primer lugar. También puedes encontrarte compartiendo tu opinión o diciéndole a otros cómo deberían vivir su vida o cómo arreglar un problema. Esto podría llevar a la ira y el resentimiento dirigidos hacia ti. También puedes encontrarte buscando maneras de adormecerse, posiblemente recurriendo a las drogas o al alcohol, sólo para no tener que lidiar con las emociones y la energía que se arremolina a tu alrededor.

Estoy segura de que no tengo que decirte que ninguno de estos comportamientos es saludable y que eventualmente se cobrarán su precio. Antes de que te agotes tanto que estés enfermo o tan metido en una depresión o adicción que no sepas cómo salir, tienes que tomar algunas medidas proactivas y sanarte.

Superar los Obstáculos

Nadie es perfecto. Como humanos, todos estamos sujetos a una serie de emociones y rasgos indeseables. Esto no nos hace buenos o malos, sino una mezcla de ambos. Lo que hagamos con lo que somos determinará en última instancia nuestro valor. Los empáticos pueden tener una tendencia a ser más amables y cuidadosos que otros individuos, pero no *siempre* es así. Además, no estamos por encima de caer en vicios y otras cuestiones, incluyendo el ser un complaciente de la gente o un empático fuera de control.

Como siempre, el primer paso para superar estas dificultades es reconocer que se están adoptando estos comportamientos. Si no estás seguro de estarlo, entonces da un paso atrás y eche un vistazo a tu vida. Necesitarás hacer un examen de conciencia y examinar realmente cómo te sientes. También puedes preguntar a los más cercanos a ti si han notado un cambio en tu comportamiento. Escucha lo que tienen que decir, luego míralo objetivamente y determina lo que necesita ser arreglado.

Puede que descubras que no puedes hacer esto por ti mismo, y eso está bien. Busca la ayuda de un amigo cercano o de un miembro de la familia o considera la posibilidad de hablar con un profesional de la salud mental. Ser capaz de hablar libre y abiertamente sobre tus miedos, preocupaciones e inquietudes es una gran manera de superarlos y de hacer cambios productivos y duraderos.

Por tus habilidades empáticas, puedes buscar a otras personas que compartan tu don. Hay muchas comunidades en línea, incluyendo en Facebook, y puede haber algunas en tu comunidad local. Si no las hay, podrías considerar comenzar un grupo propio. A veces la mejor manera de superar una debilidad y desarrollar una fortaleza es estar cerca de personas que son como tú.

Algunas de las mejores maneras de superar estas dificultades son los mismos métodos que discutimos anteriormente en este libro. El más importante es tener límites saludables y expectativas de relación. También debes ponerte a ti mismo en primer lugar. Esto no es egoísta, y no significa que tengas que cuidarte a expensas de los demás. Pero tendrás que determinar lo que quieres y necesitas para ser feliz y saludable. Si no cuidas de ti mismo, no puedes esperar ser capaz de cuidar de otras personas.

También es importante ser amable contigo mismo. Si te das cuenta de que has caído en una de estas trampas. No pienses que eso te hace menos humano o un terrible empático. De nuevo, nadie es perfecto. Al menos estás haciendo algo para hacer un cambio. Esto dice más sobre tus fortalezas y habilidades que cualquier otra cosa.

Resumen del Capítulo

- Los empáticos siguen siendo humanos, y pueden caer en algunas dificultades.
- Ser amable y cuidadoso son grandes rasgos, pero tener poca autoestima puede llevar a problemas.
- Mejorarse a sí mismo y perfeccionar tus habilidades puede ser visto como una fortaleza.

Palabras Finales

Mi objetivo con este libro era darte una idea de lo que es ser un empático y ayudarte a descubrir si posees esta asombrosa habilidad. Como todo en la vida, tu viaje como empático tendrá sus altibajos, buenos y malos momentos. Algunos días disfrutarás de tu don y te deleitarás con tu habilidad de estar estrechamente conectado con los demás y el universo, mientras que otros lo maldecirás por ser capaz de sentir tan profundamente como tú.

A lo largo de tu viaje, conocerás a personas que realmente se preocupan por ti y aprecian lo que haces por ellos, y también conocerás a aquellos que quieren explotarte y utilizarte para sus propios fines. Tendrás días en los que estarás agotado, ansioso, tal vez incluso deprimido, pero luego habrá otros días en los que estarás flotando en el aire.

No importa dónde te encuentres en este momento en tu viaje, ya sea que acabes de despertar o estés en la etapa de empoderamiento, sé bueno contigo mismo. Si no estás sano y feliz, es un desafío hacer que otras personas estén sanas y felices.

Determina Qué Es Lo Mejor Para Ti

Eres el único que puede determinar lo que es mejor para ti. Incluso con tus habilidades para sentir y absorber las energías y emociones de los que te rodean, sigues estando a cargo de tu vida. Sigues siendo el jefe. La gente tratará de llevarte en muchas direcciones diferentes y te dará consejos sobre lo que debes o no debes hacer, pero no tienes que escucharlos. Los vampiros energéticos, los narcisistas y los tóxicos son muy buenos en esto, e intentarán controlar cada aspecto de tu vida, pero esto no es lo mejor para ti. Sólo están buscando formas de que les sirvas.

Estar en sintonía con las energías y las emociones significa que tienes la capacidad de sentir las intenciones de otras personas. Si tienes una corazonada sobre alguien o simplemente no parece que esté bien, confía en ello. No importa cuán rota o miserable o desesperada parezca otra persona, si sientes que algo está mal, hay una razón para ello. Tu "Sentido Arácnido" está cosquilleando por una razón, y necesitas escucharlo.

Además, no tengas miedo o te avergüences de tus habilidades. No hay nada malo en ser empático y ser capaz de conectar con los demás y el mundo. Si la gente trata de hacerte sentir diferente o raro por tu don, entonces crea algunos límites y decide cómo y cuándo quieres interactuar con esa persona. Ellos no deciden cómo te sientes acerca de ser un empático, sólo tú decides eso.

Hablando de límites, son esenciales para tu viaje de empatía y más allá. Es tan fácil quedar atrapado en los demás y en el universo y perderse a sí mismo. Cuando asumes las emociones de otros, pierdes de vista cuáles son las tuyas y cuáles las de ellos. Esto es lo que te agotará y te dejará sintiéndote vacío. Con los límites, te das a ti mismo el espacio que necesitas para ordenar tus sentimientos y determinar si son realmente tuyos o de alguien más. No importa lo que averigües, ya sean tuyos o del mundo, reconócelos, arregla lo que puedas para ti mismo, y luego déjalos ir.

Toma Tiempo Para Ti

Uno de los rasgos de un empático es la necesidad de estar solo para recargar. Esto es muy importante para su bienestar emocional, mental y físico. Si tienes una familia con niños, puede ser difícil encontrar tiempo para alejarse. Sin embargo, tomar incluso 5 o 10 minutos cada día puede ser todo lo que necesitas para recargarte y desestresarte. Esto es algo que podrías considerar hacer a primera hora de la mañana antes de que todos despierten o justo antes de acostarse después de que hayas acomodado a los niños para la noche. Lo que hagas durante este tiempo de inactividad dependerá de lo que te guste, pero leer un libro, meditar o ponerse unos auriculares y escuchar música para bloquear el mundo puede ser beneficioso.

Sé Un Buen Oyente

Tus habilidades empáticas ya te hacen un buen oyente, por lo que la gente acude a ti en busca de consejo y para compartir sus noticias, tanto buenas como malas. Date la misma cortesía que das a los demás y escucha lo que tu cuerpo te dice. Es muy bueno para hacerte saber cuándo ya has tenido suficiente y necesitas un descanso. Tómate uno. Esto te asegurará que no te desgastes y caigas en un estado emocional del que sea difícil salir.

También necesitas ser amable contigo mismo. Le das a tus amigos, familia, y quizás incluso a extraños tu amabilidad y generosidad por tus dones, y deberías hacer lo mismo por ti mismo. No dejes que nadie te diga que esto es egoísta porque no lo es. Sólo puedes dar a los demás si primero te das a ti mismo. Recuerda siempre eso.

¡Diviértete!

Descubrir quién eres y perfeccionar tus habilidades empáticas no debería ser una carga. Sí, habrá momentos difíciles y episodios en los que estarás exhausto, estresado y agotado, pero esto es parte de la vida. No siempre se pueden tener días soleados y sin nubes; de vez en cuando llegan tormentas. Sin embargo, bajo las oscuras, premonitorias y amenazantes nubes hay un cielo brillante y soleado. Las cosas necesitan aclararse para que lo veas de nuevo. Nada dura para siempre, y los cielos eventualmente se volverán azules de nuevo.

Cuando lo hagan, no te olvides de centrarte en el lado divertido y placentero de ser un empático. No olvides que tienes una increíble y única oportunidad de estar cerca de tus amigos y familia, de entenderlos a un nivel diferente, y deberías aprovechar eso. La vida es demasiado corta para concentrarse en lo malo. Disfruta de cada momento y de todos los que entran en tu vida. Si son negativos y tóxicos, úsalo como una experiencia de aprendizaje y sigue adelante.

Nunca Olvides Quién Eres

Eres un individuo amable, cariñoso y amoroso que tiene una oportunidad única de experimentar el mundo de una manera que mucha gente no lo hará. Puedes ver cómo estamos conectados y ser parte de algo más grande que tú mismo. Cuando usas este poder lo mejor que puedes, tienes la oportunidad de cambiar vidas, incluyendo la tuya propia. Ve y esparce tu bondad. El mundo siempre puede usar más.

Si te ha gustado este libro, recuerda echar un vistazo a los libros de la serie, ATRACCIÓN TÓXICA, sobre la atracción de Empáticos por los Narcisistas, SOY CODEPENDIENTE, sobre una aflicción a la que muchos empáticos se encuentran enfrentados, y ABUSO INVISIBLE, sobre el abuso encubierto que los narcisistas pueden infligir a los empáticos, a la gente sensible y a otros. Estos libros, junto con el que acabas de leer, están disponibles en formato de audio también.

¿Has aprendido algo o disfrutado de la lectura? ¡Por favor, considera dejar una reseña! Esto es de gran ayuda para mí para publicar más libros como este. ¡Gracias, y buena suerte en tu viaje empático!

Did you love *El Despertar Del Empático*? Then you should read *Atracción Tóxica: Cómo y Por Qué Los Empáticos Atraen a Los Narcisistas - La Guía de Supervivencia, Recuperación y Límites Para Personas Altamente Sensibles Que Se Sanan del Narcisismo*[1] by Kara Lawrence!

¿Estás atrapado en un agotador y repetitivo ciclo de malas relaciones que siempre resultan iguales, y sospechas que debe haber alguna causa de fondo que impulse tu atracción hacia las personas equivocadas, y ellas hacia ti?

¿Estás dando naturalmente y constantemente te encuentras siendo aprovechado por los tomadores crónicos?

---

1. https://books2read.com/u/mVwp6p

2. https://books2read.com/u/mVwp6p

¿Alguna vez has notado que atraes al mismo tipo de persona una y otra vez y te preguntas por qué? ¿Te gustaría entender los elementos que están impulsando esta atracción y alimentando este frustrante y tóxico ciclo? Si has respondido "sí" a alguna de estas preguntas, ¡sigue leyendo!

Esperar que una nueva relación resulte diferente a la anterior y luego decepcionarse no sólo por el mismo resultado, sino por llegar allí a través de los mismos patrones negativos familiares a lo largo del camino puede ser desalentador. Puede dejarte preguntándote si hay una forma de salir de este ciclo.

Claro que hay muchos libros que pretenden ayudarte a recuperarte después de que el daño de una relación tóxica ya está hecho, pero no hay ninguno que explore únicamente la raíz de la atracción que las personas sensibles y los narcisistas tienen entre sí, ¡*hasta ahora*!

Explora este innovador libro que finalmente descubre las razones por las que los empáticos y los narcisistas se sienten tan irresistiblemente atraídos el uno por el otro, y las formas en que, armado con la verdad, puedes **finalmente romper el ciclo** como lo han hecho otros y ¡evitar estas relaciones en el futuro para que finalmente puedas conocer a la persona para la que estás destinado!

Dentro, encontrarás:

El único rasgo de apariencia inofensiva que atrae a los narcisistas como polillas a las llamas15 señales de advertencia imprescindibles de conocer de una relación tóxicaLa verdadera razón por la que los empáticos a menudo se sienten obligados a "arreglar" parejas rotasLas 7 etapas inconfundibles de una relación tóxica (¡ve si se relacionan!)Cómo los vampiros energéticos y la codependencia pueden estar afectándote sin que sepasPor qué hacer cumplir tus propios límites puede cambiar completamente la dinámica de una relación¡Cómo las relaciones tóxicas están impidiendo que conozcas a la persona con la que estás destinado a estar, y la última herramienta para liberarse del ciclo para siempre!

Y mucho más...

Incluso con un historial de un kilómetro de relaciones tóxicas, insalubres e incluso abusivas, *hay* una forma de darse el poder de romper el ciclo y salir de la espiral en el que has estado. **Si finalmente estás listo para no tener que lidiar con otro callejón sin salida, una relación hiriente de nuevo, ¡ordena este libro hoy!**

Also by Kara Lawrence

Toxic Magnetism - How and Why Empaths attract Narcissists: The Survival, Recovery, and Boundaries Guide for Highly Sensitive People Healing from Narcissism and Narcissistic Relationship Abuse

Empath Awakening - How to Stop Absorbing Pain, Stress, and Negative Energy From Others and Start Healing: A Beginner's Survival Guide for Highly Sensitive and Empathic People

Am I Codependent? And What Do I Do About it? - Relationship Codependence Recovery, How to Stop Controlling, Facing a Narcissist as an Empath or Highly Sensitive Person, and Setting Boundaries

Invisible Abuse - Instantly Spot the Covert Deception and Manipulation Tactics of Narcissists, Effortlessly Defend From and Disarm Them, and Effectively Recover: Deep Relationship Healing and Recovery

El Despertar Del Empático

¿Soy Codependiente? Y ¿Qué Hago Al Respecto? - Recuperación de la Codependencia en Las Relaciones, Cómo Dejar de Controlar, Enfrentarse a Un Narcisista Como Un Empático o Una Persona Muy Sensible

Abuso Invisible - Profunda Recuperación y Sanación de Relaciones Para Empáticos Emocionales y Personas Altamente

Sensibles del Narcisismo Pasivo-agresivo, y Síndrome de Abuso Narcisista

Atracción Tóxica: Cómo y Por Qué Los Empáticos Atraen a Los Narcisistas - La Guía de Supervivencia, Recuperación y Límites Para Personas Altamente Sensibles Que Se Sanan del Narcisismo

www.ingramcontent.com/pod-product-compliance
Lightning Source LLC
Chambersburg PA
CBHW022008120526
44592CB00034B/738